TRES MANTELES

ADRIANA DE CARIA

TRES MANTELES

EL BANQUETE DEL RENACIMIENTO

Buenos Aires
2024

De Caria, Adriana
Tres manteles / Adriana De Caria.
1a ed - Ciudad Autónoma de Buenos Aires: Dunken, 2024.
200 p. ; 23 x 16 cm.

ISBN 978-987-85-3834-1

1. Gastronomía. I. Título.
CDD 641.013

Contenido y corrección a cargo de el/los autor/es.
Imagen de portada: Fresco de Marcello Fogolino (ca.1488/ca.1558). Foto de Eugenio Baldi, cedida por gentileza del Castillo de Malpaga. Cavernago (Bg).

Hecho el depósito que prevé la ley 11.723
Impreso en la Argentina

e-mail: Adridecaria@gmail.com
ISBN 978-987-85-3834-1

Antes de nacer, hacen un casting.
Si sos lindo y te gusta comer bien,
te hacen nacer en Italia.
JULIANA OLM, MÚSICA

SIGLAS DE AUTORES Y LIBROS HISTÓRICOS DIGITALES QUE SON RECURRENTEMENTE CITADOS EN LA BIBLIOGRAFÍA

CERVIO – Cervio, Vincenzo Fusoritto da – Il Trinciante, ampliato et a perfettione ridotto dal Cavalier Reale Fusoritto da Narni, 1593 – (primera edición de 1581), Roma.

https://play.google.com/books/reader?id=jTyXu_LhsfMC

FRUGOLI – Frugoli, Antonio – Pratica E Scalcaria, 1631, Roma.

https://play.google.com/books/reader?id=m7NDzXAdAu8C

LATINI – Latini, Antonio – Scalco alla moderna ovvero l'arte di ben disporre i conviti, 1694. Napoli.

https://play.google.com/books/reader?id=edZMAAAAcAAJ

MESSISBUGO – Messisbugo, Cristoforo – Banchetti, compositioni di vivande et apparecchio generale, Ferrara 1549.

https://play.google.com/books/reader?id=VSM8AAAAcAAJ

PANUNTO – Romoli, Domenico – La singolare dottrina di Domenico Romoli, sopranominato Panonto. Venecia, 1560.

https://play.google.com/books/reader?id=FGFWAAAAcAAJ

ROSSETTI – Rossetti, Giovan Battista – Dello Scalco, 1584 – Ferrara.

https://play.google.com/books/reader?id=UUVXAAAAcAAJ

RUPERTO – Nola, Roberto de – Libro de guisados.

https://www.mori.bz.it/gastronomia/Rupert%20da%20Nola%20-%20Libro%20de%20Guisados.pdf

SCAPPI – Scappi, Bartolomeo – Opera di M. Bartolomeo Scappi, Cuoco Secreto di Papa Pio V, divisa in sei libri. 1570.

https://play.google.com/books/reader?id=060luIlKpYUC

VILLENA – De Villena, Enrique, Arte Cisoria, 1766 – Madrid.

https://play.google.com/books/reader?id=sh9AAAAAcAAJ

El libro fue escrito en el siglo XV, pero publicado tardíamente.

YELGO – Yelgo de Bázquez, Miguel – Estilo de servir a principes, con exemplos morales para servir a Dios, 1614 – Madrid.

https://play.google.com/books/reader?id=dOJmAAAAcAAJ

Notas

1. Cuando las páginas de la bibliografía digitalizada y en línea están indicadas con dos números diferentes, el primero (t) corresponde al número de página del texto original, mientras que el segundo (v) a la numeración de la virtual.
2. Muchos de las citas en español antiguo fueron transcriptas respetando en gran medida los textos originales, en el intento de alterarlos lo menos posible. Algunos cambios, sin embargo, han sido aplicados para una mejor lectura.

1. FERRARA

> Lo formidable de aquella época es que un degollador italiano era más culto, más refinado y más ambicioso que un monarca de Francia.
>
> –Antonio Paolucci

El Renacimiento italiano floreció en todas las direcciones y manifestaciones posibles, con tal ímpetu que su luz sigue siendo un faro en el presente. Seguimos admirando a la supergeneración pródiga de hombres virtuosos que legó a la humanidad ese tiempo excepcional. Nuestra fascinación no merma ni un ápice ante la interminable galería de imágenes grabadas a fuego en nuestro imaginario colectivo de arquetipos.

En ese tiempo, que fue único, ningún aspecto del quehacer humano quedó ajeno al estado de éxtasis creativo. La sed de arte y belleza impregnó todo a su alrededor: telas y tapices, joyas y vestuarios, calzados y accesorios, mobiliarios y ornamentos. Cada uno de los objetos que formaban parte del día a día de las clases altas reflejaba un sentido del gusto, la calidad y la estética del más refinado grado. Las artes no fueron sino una emanación sublime de un estilo de vida consolidado. Objetos de uso cotidiano, objetos suntuarios y arte formaban parte de un *modus vivendi* que abarcaba el todo. Naturalmente, el banquete italiano también fue una emanación de ese mismo espíritu.

La corte de Ferrara fue el prototipo del manejo perfecto de esa herramienta de prestigio, usada como un puente hacia el poder. Cada gran ciudad italiana empleó ese recurso, aunque adaptado a las distintas idiosincrasias y coyunturas políticas, pero a ninguna le faltó el refinamiento de base, factor común a todas.

Ferrara estaba rodeada por grandes potencias. Su corte no era precisamente la más fuerte, pero era ambiciosa y sabía sacar provecho de su enclave: una cuña estratégica en la encrucijada de los tráficos del río Po. La dinastía de la Casa Este, en concomitancia con los vientos de renacimiento de la vecina Florencia, supo señorear esas tierras durante dos siglos, confiriéndoles un esplendor destinado a ser perpetuo, quizás bajo la inconsciente suposición de que ese tiempo encumbrado duraría para siempre.

Pero lo de Ferrara no fue más que un soplo, una ilusión que duró apenas dos siglos. Tras la muerte de Alfonso II, las cartas fueron barajadas nuevamente y ese poder regresó a su fuente: el papado de Roma. Las pinacotecas y todo el arte móvil de ese lapso próspero terminaron por dispersarse en colecciones de todo el mundo; los complejos refinamientos de su fasto se disolvieron en la nada, a excepción de la arquitectura de avanzada, tanto de la urbe como de las *Delizie*, mansiones de los alrededores creadas especialmente para albergar eventos suntuosos. Las Delizie que hoy sobreviven han sido declaradas Patrimonio de la Humanidad por la UNESCO. Por lo demás, el carruaje se volvió calabaza; disuelto el hechizo de gloria, Ferrara pasó a una cadencia provincial.

Mientras estuvo en la cresta de la ola, el banquete de Ferrara se transformó en un culto en el que sus autores y fautores se deleitaban en la celebración de sí mismos. El banquete de Ferrara, como paradigma del banquete italiano, era una articulación teatral en la que ningún gesto quedaba librado al azar y donde ningún engranaje del complejo aparato debía fallar. A la cabeza de esa puesta en escena destacaba un protagonista, que era su Gran Director, quien en Italia era llamado *Scalco*. Estos directores fueron prolíficos a la hora de dejar testimonio escrito de las celebraciones que ellos mismos organizaban. Las narraciones que de ellos heredamos no escatiman detalles.

Este escrito se construyó hurgando fundamentalmente en los relatos de un maestro italiano que se desempeñó en el siglo XVI: Giovan Battista Rossetti, hombre de Ferrara quien a partir de 1557 sirvió durante veintisiete años como scalco al servicio de Alfonso II y de Lucrecia de Este.

A sus relatos se fueron sumando en primera persona los testimonios de otros organizadores de banquetes, cocineros y caballeros de Ferrara y de otras cortes. A ellos les debo la fascinación que me mantuvo cautiva durante el tiempo libre del que "me vi vendecida" durante la pandemia, tiempo que me llevó a internarme en esos mundos de espectáculo permanente.

Pude y puedo acceder a los documentos históricos originales gracias a la digitalización y al acceso libre en línea que hoy nos ofrecen Google Books y otras plataformas virtuales. Se trata de libros completos que se conservan en bibliotecas dispersas por todo el mundo y que, gracias a la tecnología, hoy llegan sin escalas a nuestros hogares. Este material maravilloso, disponible a toda hora, es susceptible de ser descargado, copiado y subrayado. Además, cuentan con extraordinarios motores de búsqueda y una serie de posibilidades adicionales que constituyen una verdadera revolución de nuestro tiempo. No puedo sino sentirme agradecida y bendecida por este regalo de la modernidad y de la vida.

2. SCALCO SUPERSTAR

En las cortes de Europa, la tarea de coordinar los servicios de la cocina y los de la casa en general solían estar reunidos en la persona del mayordomo. En Italia no.

> Debe saberse que en España y Francia el oficio de scalco lo ejerce el mayordomo, y como realmente tales oficios se complementan muy bien, ante la necesidad, el mayordomo puede desempeñar ambas funciones. Sin embargo, en Italia, pocos grandes señores quieren que el maestro de casa dé las órdenes de los víveres en la cocina, no solo por las muchas tareas que tiene este en cuanto al cuidado de la casa y de la familia, sino también porque, por la reputación de su príncipe, no parece conveniente que se encargue de ambas funciones[1].

Demasiada responsabilidad, manejo de protocolos y personal a cargo tenía quien organizaba los eventos como para distraer su atención con otras cuestiones; para eso había otro gerente en la casa, que seguramente tendría que actuar de común acuerdo con él o bajo sus instrucciones. De esa necesidad de dividir las responsabilidades surgió la figura del scalco, un cargo esencialmente italiano que, al igual que el esplendor de Ferrara, terminó desapareciendo con el tiempo de las cortes y del léxico italiano, aunque esto sucedió mucho más tarde.

El de scalco era un cargo que respondía a las necesidades y exigencias tan particulares de la corte italiana, donde el comer fue, como sigue siendo, un asunto serio, que va muchísimo más allá de la mera alimentación, y donde el espectáculo demandaba también una gran atención, esfuerzo y creatividad constantes.

[1] FRU P.2t/21v.

En otros palacios, el maestresala llevaba a cabo funciones idénticas a las del scalco italiano, pero mientras que el primero actuaba bajo las órdenes del mayordomo, el scalco respondía directamente al señor. Era un par del mayordomo, o incluso más que él. Sus subordinados más inmediatos también eran llamados scalchi, aunque en rigor eran sottoscalchi, es decir, subordinados a un scalco mayor y general.

El nombre probablemente deriva de la figura del gran *siniscalco*, un cargo en la corte de Roger II de Sicilia en el siglo XII, responsable de proveer de alimento al rey y a la corte, cargo que permaneció vigente durante los periodos angevino y aragonés, quedando luego simplificado como scalco. El puesto de *siniscalco* de Roger II tenía a su vez origen en el senescal medieval del periodo carolingio, donde sine (*sene*) significaba "anciano" y skalk "sirviente". La palabra mariscal comparte la misma etimología.

Todo aspirante a scalco debía reunir en su persona una serie de condiciones, tanto de aptitud como de educación, además del no menos importante physique du rôle: debía ser cortesano y de origen noble, aunque esta última cualidad no era excluyente; hubo scalchi de origen humilde que, gracias a mecenazgos y a su talento personal, adquirieron el rango por mérito propio. El conocido concepto de Anton Ego ya estaba en el aire: no cualquiera podía ser scalco, pero un scalco en potencia podía provenir de cualquier lugar y extracción. Educado, caballeresco, distinguido, paciente y discreto con su amo, el scalco era responsable de custodiar su integridad física ante posibles intentos de envenenamiento.

Debía tener buena estatura, buen porte y aspecto, "vestido corto con espada y capa", "sin afectación alguna, sin llevar bandas, ni penachos"[2], que eran atributos exclusivos de los soldados, es decir, no debía competir con ellos. Pero la vestimenta del scalco dependía, en definitiva, del tipo de casa o corte a la que servía. Según Domenico Romoli, conocido como "Panunto", estaba autorizado a vestirse de manera rebuscada y a llevar barba, bigote y peluca. El mismo autor subraya la importancia de respetar la vestimenta larga en el servicio a los eclesiásticos:

[2] FRU P.2t/21v.

> Debéis usar vestidos largos, si no del todo, al menos en parte cubiertos y con hermosos drapeados, tanto en verano como en invierno (...) y sobre todo que sus prendas no sean coloreadas, ni decoradas, ni bordadas, de manera que no parezcan ostentar un rojo bufón, ni asemejarse a un Papa simio, o parecerse a algún que otro scalco que he visto, que estando al servicio de tan grandes prelados, se cubren tan solo la mitad del culo.

Debía tener don de mando, habilidad didáctica y, por supuesto, un gran dominio de la cocina: aunque no cocinara, debía conocer cabalmente recetas, procedimientos y novedades. Y, sobre todo, debía tener talento para sorprender y admirar constantemente mediante la concepción de grandiosos banquetes. A partir de aquí, la palabra scalco aparecerá escrita sin cursiva, asimilada al vocabulario corriente de este texto.

El rol del cocinero

> El scalco no permitirá que ni el cocinero ni ninguna otra persona aparezcan ante la mesa de su señor, ni para rendir cuentas de las comidas –que él mismo servirá– ni para comprobar si la comida es de su agrado.
>
> –Antonio Frugoli – Pratica e Scalcaria, 1631[3]

A menos que se tratara de una celebridad, como fue en el siglo XVI Bartolomeo Scappi, el lugar del cocinero era mantener un bajo perfil y permanecer en el anonimato. Todos los laureles se los llevaba el scalco, que, aunque no cocinara él mismo, era quien seleccionaba al cocinero y debía conocer no solo las técnicas de cocción vigentes, sino también estar un paso por delante de los tiempos y ser capaz de captar las nuevas tendencias.

Era competencia del scalco confeccionar el menú, tanto cotidiano como festivo, en sintonía con los productos de temporada, así como con aquellos que debían llegar desde otros destinos. A él le correspondía armonizar estos elementos dentro de las interminables listas de preparaciones que componían

[3] FRU P.2t/21v.

la orden del día. Sin embargo, la ejecución de todos esos platos no era tarea propia de su investidura; para las labores pesadas estaba el cocinero y su brigada. No obstante, el scalco debía conocer a fondo cada receta y sus secretos.

Sobre el cocinero recaía la responsabilidad de presidir los fogones del palacio. Sus elaboraciones debían ser del gusto del amo; debía velar por la seguridad en su cocina, asegurarse de que los ingredientes estuvieran en buen estado y de que ningún malintencionado infiltrara venenos letales. El cocinero debía tener una vasta experiencia gastronómica y ser versátil para adaptarse a las nuevas modas; además, debía supervisar a sus subalternos y mantener la cocina en perfecto orden. Una tarea colosal y anónima; un trabajador abnegado y oculto, que no podía usar vestimenta sofisticada ni, mucho menos, barba, bigote o peluca, prerrogativas reservadas al scalco.

Vincenzo Cervio recomienda que el cocinero no sea ni muy joven ni demasiado mayor. La juventud equivale a una combinación fatal de inexperiencia y presunción, que hace que, cuando se les ordena preparar exquisiteces, no sepan ni por dónde empezar. Por otro lado, los de edad avanzada no soportan las fatigas del fuego. Treinta años sería una edad ideal para un cocinero. "Debe ser limpio, no roñoso ni descuidado, tratable, no caprichoso ni colérico, práctico, de buena escuela, que sepa hacer masas, gelatinas, sopas, potajes, salsas; que mantenga la cocina limpia, y en lo posible que esa cocina se parezca a las de Venecia, que parecen talleres de espejos por lo relucientes que son los cobres y estaños. Y que, mientras la vianda del Príncipe esté en la cocina, no deje entrar a nadie, y tenga cuidado de no permitir que se toque"[4].

Estilo de servir a principes, con exemplos morales para servir a Dios

Así como en Italia el cocinero dependía del scalco, en España estaba bajo las órdenes del mayordomo. En *Estilo de servir a príncipes* de Yelgo de Bázquez[5] (quien se desempeñó al servicio de Cristóbal Gómez de Sandoval-Rojas y de la Cerda, duque de Uceda), se trasluce la irrelevancia del cargo en contraste con la gran exigencia demandada al cocinero. Allí se dice:

[4] CER P.163.
[5] YEL P.140t/262v.

> **Del modo de servir del Cocinero y sus obligaciones.** Yo estoy bien con el Cocinero cuando es buen oficial, y el señor lo debe estar, pues es de quien cuelga el regalo del sustento del suyo, y así el Cocinero que guisa a gusto, y regalado [con deleite], se ha de estimar, y aunque que no se le satisfaga con dinero, satisfágase con buenas palabras, y amorosas, dichas de manera que entienda que lo quieren bien.

Una conveniente palmada al hombro podía ser útil a la hora de mantener al cocinero satisfecho, a pesar de la confesada baja paga, pero está claro la táctica no siempre producía los resultados esperados:

> Porque hay muchos que por la menor palabra que el mayordomo les habla, buscan otra casa, que no tienen vergüenza de ir a conocer voluntades nuevas; hacerlo así, no es cosa de hombres de bien. El Cocinero no pretenda otra cosa, sino acertar a dar gusto a su amo, y con saber que le quiere bien el Señor, y que el mayordomo es su amigo.

Yelgo predica largamente acerca de los beneficios de la resignación del cocinero, que se ve premiada con la permanencia en la misma casa, con el cariño de los señores, con posibles promociones (aunque improbables) y le falta decir, con un sufrimiento que se transforma en salvación para la Vida Eterna, ya que el libro, no lo perdamos de vista, y según reza su título, se concentra en los "ejemplos morales para servir a Dios": el Cocinero tenaz obtendría así la garantía de la parcela propia en el Cielo.

En el capítulo sucesivo, *Donde se le da cuenta al cocinero de las diferencias de guisados que debe saber para ser buen oficial*, Yelgo detalla una sucesión de manjares con más de 200 enunciados de platos, nada simples por cierto, que el hombre de cocina debe conocer a la perfección. "Y si dijese el señor: aderezadme tal guisado, sea de lo que fuere, si no la sabéis, llamad al mayordomo", porque mayordomo en España, tal como scalco en Italia, debían tener conocimiento cabal de cada una de las recetas que se ejecutaban.

Yelgo sugiere al cocinero conocer los libros en boga de Diego Granados y del italiano Bartolomeo Scappi. Hace notar que el español cocina para el español y el italiano para el italiano, dando a entender así que a cada tierra corresponde su gusto, pero era excepcional que el cocinero barroco supiera leer como para acceder a la información oculta en los libros. Bartolomeo Scappi (Dumenza, 1500 – Roma, 13 abr 1577) fue uno de los pocos casos excepcionales de cocineros que trascendieron el anonimato de la cocina. Él se presentaba a sí mismo como *cuoco segreto*, "cocinero privado" al servicio del papa, o mejor dicho, de los papas, ya que fue responsable de la cocina de nada menos que siete de ellos. El conclave de 1549 duró dos meses, pero se dice que habría sido mucho más breve si Scappi no hubiese mimado a los cardenales con sus delicias. La obra gastronómica escrita que nos legó es monumental, vastísima, abarcando todos los aspectos de la cocina en seis volúmenes; punto de referencia que marcó un antes y un después en la cocina europea[6].

[6] SCA.

3. ARTE CISORIA, EL CONOCIMIENTO DEL TRINCHANTE

> La digestión consta de ocho pasos, cuatro se producen fuera del cuerpo humano y las otras cuatro dentro de él.
>
> La primera es el derramamiento de la sangre del animal sacrificado,
>
> La segunda es el misterio del fuego, que con la cocción quita la bestialidad del animal.
>
> **El tercer elemento es el cuchillo, que permite cortar la carne en pequeñas partes.**
>
> El cuarto corresponde a la dentadura.
>
> La quinta en la boca del estómago por el calor natural.
>
> Sexta fase en el *fondón*, donde todo se mezcla;
>
> La setena [sic] tiene lugar en el hígado, por el calor nativo, dividiendo lo espeso de lo sutil, **enviando** a los miembros la parte que les conviene con generación de sangre.
>
> La octava en cada miembro, desechando lo superfluo mediante la expulsiva virtud, y lo nutriente convertido así en humana carne por emanación en fermento hepático.

A través de estos razonamientos, Enrique de Aragón, Marqués de Villena, reconoce en el cuchillo una intervención fundamental para la función digestiva. Es en virtud de esa mediación que él construye en 1423 un entero tratado llamado *Arte Cisoria*[1], que versa sobre el arte del buen cortar, siguiendo preceptos de la medicina de Hipócrates, entonces vigente. La obra estaba dedicada a Sancho de Jarava, quien había sido "Maestro Cortador" de Juan II de Castilla, padre de Isabel La Católica.

Por ser de Villena un personaje iluminado, enciclopédico, erudito, pero a la vez controvertido, con mala fama de mago, astrólogo y nigromante, la mayor parte de su obra fue a parar a la hoguera. Esta obra se salvó aquella vez

[1] VILLENA.

de las llamas censoras y una segunda de un siniestro acaecido en la biblioteca que se encontraba. Milagrosamente, tras haber escapado al destino de fuego dos veces, logró ser publicada, pero muchos siglos más tarde, en 1766, llegando así hasta nuestros días.

La palabra "cisoria", que forma parte del título, se refiere a la acción de cortar y comparte una etimología común tanto con *ciseau* en francés, como con *tesoura* en portugués y *tijeras* en castellano. Tal vez le encontraríamos sentido si la asociamos con un término más actual: *escisión*.

El saber cómo cortar los alimentos de la mesa noble tenía una importancia superlativa en un tiempo en el que no estaba todavía difundido el uso de los cubiertos individuales. Si el scalco (o el maestresala de las cortes fuera de Italia) era el director de escena, el trinchante, es decir el cortador de carnes, era su actor principal, su contrapartida fundamental, como el primer violinista en una orquesta que se exhibía bajo su dirección. Empecemos por recordar que "trinchar" según la RAE es partir en trozos la comida para ser servida. Es decir, el verbo no se refiere a los cortes que efectuamos en nuestro plato individual, sino a los que se aplican a un manjar antes de ser servido y compartido. El trinchante era el encargado de realizar esta tarea, la cual se efectuaba ante la vista de su señor y de todos los presentes; nunca en la trastienda de la cocina.

La alta sociedad europea del siglo XVI era particularmente carnívora. Se consumían animales terrestres, volátiles y acuáticos de todo tipo. Cuando leemos hoy los antiguos menús, es sorprendente la variedad de especies que tenían costumbre de comer, sobre todo vista desde la actualidad y considerando, además, que nos encontramos en una fase de tendencias vegetarianas, orientadas decididamente hacia lo vegano. Pero incluso quien se asume hoy declaradamente carnívoro, tendría una mirada ante esos platos bastante poco compatible con la de los siglos pasados.

El ideal de presentación era conseguir que el animal preparado para ser consumido apareciera en el banquete del modo más íntegro posible. Si era de dimensiones reducidas, debía verse entero; si se trataba de una ejemplar de grandes dimensiones, los trozos servidos tenían que corresponder a partes distinguibles de su anatomía. Las aves se cocían preservando cabeza y patas para luego volver a montarles las plumas y exhibirlas como si estuviesen vivas. No era infrecuente que les colocasen alcohol perfumado en el pico, que era encendido en el momento en que la fuente hacía su ingreso a la sala ante los comensales, con el efecto de que el ave, de apariencia viva, se viera como lanzando fuego por la boca. Era del gusto de la época, además, confeccionar una suerte de intrincadas matrioskas, rellenando animales grandes con otros sucesivamente más pequeños. Tanto como para graficar con ejemplos estos antojos de época, en un menú de Giovan Battista Rossetti, scalco de Ferrara, encontramos "liebres frías grilladas de pie, en acto de huir, con un dardo incrustado en el lado izquierdo". O en el caso del "Banquete de noche, que hizo la Señora Serenísima Duquesa de Urbino, mi Señora, en ocasión de las bodas de la Señora Margarita Catabeni, su Dama, con el Señor Lanfranco Gianelli: estaban tendidas las mesas con bellísimos pliegues, y fueron puestos en platos para compartir un pavo asado, pero de pie, con las alas de águila blanca plateadas, y con cuello y cabeza de águila blanca, también plateada, con corona en la cabeza de armas de esos Serenísimos Señores, tenía flancos y patas de águila plateada, y sostenía entre las garras una liebre asada con cuernitos de ciervo dorados, patas doradas, y cabeza tendida a lo largo, con el costado hacia arriba, que hacía bellísimo efecto"[2].

Los platos llegaban a la mesa, anunciados por el sonido de las trompetas. Una cohorte de servidores vestidos de gala llevaban en sendas manos las bandejas de oro y plata que contenían los manjares. En ese momento se incorporaba al juego el trinchante. Su tarea consistía en transformar con eximia destreza la integridad de las piezas comestibles, reduciéndolas en porciones. Esto debía hacerse de forma metódica y admirable a la vista. Una obra teatral, de transmutación, capaz de convertir una cosa en otra, manteniendo las formas y sobre todo la gracia. No solo las carnes, sino también todos los demás manjares –a menos que fuesen platos de cuchara, naturalmente– debían asimismo ser pasadas por sus manos y sus cuchillos: pasteles, tortas, tartas, frutas, etc. El trinchante contaba con subalternos (llamados trinchantes también estos), quienes ejecutaban la tarea bajo sus estrictas órdenes.

Estamos hablando de un periodo en el que el alimento se llevaba a la boca con las manos, y si bien el tenedor había iniciado a aparecer sobre las

[2] ROSSETTI. P. 145.

mesas, su ascenso todavía no estaba difundido, menos aún para comer carne, por lo tanto el desmenuzado preliminar de los alimentos, se hacía imprescindible. Los comensales podían usar cuchillos, que ya estaban presentes en las mesas, y que comenzaban a ser de uso individual[3], pero antes de ese periodo, los cuchillos de mesa o bien se compartían, o cada uno llevaba y usaba el propio. Bee Wilson recalca que "el utensilio para trinchar no debía despedazar la comida en trozos pequeños, porque eso habría significado usurpar el papel del cuchillo del señor"[4], pero para quien no tenía cuchillo, el trinchante debía trozar los bocados de manera que fueran aptos para ser llevados a la boca, sin que el comensal tuviera que desgarrarlos, a falta de tenedor.

Al trinchante se le exigían requisitos parecidos a los del scalco: cortesano, buena cuna, bello aspecto y, por supuesto, estar altamente calificado para su tarea. Así describe el Marqués de Villena al trinchante ideal de la España del siglo XV:

> Bien guarnido, según su condición; su barba raída, y los cabellos hechos [bien peinados], y uñas mondadas a menudo, y bien lavado rostro y manos de forma que alguna cosa inmunda en él no aparezca. Guárdese de traer botas, sobre todo nuevas, y funda que huela mal al adobo [curtiembre]. La cortadura de las uñas sea medianamente, non mucho a raíz, limpiadas cada mañana.
>
> También debe tener las manos guardadas con Luas [guantes] limpias, y de buen olor, pero no en el momento en que cortare, o comiere. Tales Luas non sean forradas con el pelo que se pega, tal como de raposo [zorro] o de gato, mas sean de cuero de gamo ya tratadas, o de paño escarlata, hechas con aguja.
>
> Terceramente debe ser callantío de forma que cuando cortare, no hable ni haga malos gestos, o desordenados, ni esté mirando a otra persona, sino humilldosamente al Rey y a lo que corta, ni se rasque la cabeza o

[3] Más tarde, en el Cinquecento italiano, ya contaban no solo con cuchillos y cucharas, sino también con tenedor individual, instrumento que todavía no estaba difundido en el resto de las cortes europeas. El uso del tenedor era todavía opcional, aunque ya en vías de instaurarse para uso sine qua non.

[4] Bee Wilson, Consider the fork: A history of how we cook and eat, 2013. Versión castellana: La importancia del tenedor, Turner, 2013.

lugar otro, ni se suene, de manera que el Rey no vea en él cosa que mal parezca, o de que tome asco o enojo.

Cuartamente debe ser curoso [cuidadoso], con diligencia, y prestedumbre cumplida desde que en la mesa puesta ya en su poder [la vianda ante el rey], que ninguno no llegue a ella, y lance cosa sospechosa sobre ella, catando toda vez que le manda cortar, o cuando lo deje y antes y después de servir.

Lave sus manos estudiosamente, y atentamente mire si en la vianda aparecen diversos colores o color que non pertenezca a tal manjar, o si hay olor malo, o fuere desaborada, y aquello no corte.

Guardarse debe de las cosas contrarias à las condiciones y costumbres dichas, en especial de comer ajos, cebollas, puerros, y culantro [cilantro], escaluñas [echalotes], y el letuario de la hoja del cáñamo, al que dicen los moros alhaxixa, y tales cosas que hacen mal resollo [aliento].

Apartarse debe de fuegos grandes de chimeneas y de cocinas humosas, de hornos de barro de calderas y lugares donde funden metales, porque del humo non se pegue mal olor a los vestidos, arrédrese de estar en establos, y carnicerías, y trestigas [cloacas], tenerias [tintorerías], pellegerias [curtiembres], o donde hacen el vermellon [con cochinilla] y vidrio, y jabón, y raen pergaminos, y tales lugares, donde cual olor puede en él quedar por infección, y tañimiento de la ropa, o llevando en los pies inmundicia.

Desvíese de usar mucho con mujeres, porque los cuerpos de los tales hieden mayormente haciéndolo luego de que han comido, o están vestidos, que se corrompe la vianda, y administra fétido nutrimento a los miembros, y los vestidos toman el olor corrupto y retiéntenlo: por ello decía Aristóteles en sus Proemios que los canes siguen à los tales por aquel hedor que sienten. No traigan en las manos cosas que mal huelan como casabara [?], o flores de santo, y palo de baladre [oleandro], o de box [buxus], o asafétida, o alholvas [fenogreco], y tales cosas como estas.

> No coma cosas calientes ni beba caldos calientes, o licor otro, que dañan mucho la dentadura, y la hacen mal parecer. Finalmente de todas las cosas, que son contra limpieza y buen olor, se aparten[5].

En el capítulo "trezeno" (decimotercero) habla sobre cómo deben ser los criados del trinchante:

> Mozos de buen linaje bien acostumbrados.
>
> Estos tales mancebos no deben ser muy poderosos, ni muy pobres, mas de mediana condición, porque la riqueza y el poderío traen menosprecio y negligencia, y la pobredad trae villeza, y rudeza[6].

Temple y conservación de los cuchillos

Mucha atención debía poner sobre sus instrumentos el cortador, evitando que extraños entrasen en contacto con ellos, sobre todo si eran sospechados de deslealtad. Asimismo debían conservarse limpios, dentro de sus vainas los cuchillos y en las *vaseras* los tenedores que servían para sujetar las piezas al trincharlas (esos tenedores sí estaban presentes, al contrario de los tenedores de mesa que recién entonces se estaban incorporando al uso)[7]. En una *Arqueta,* cofre con cerradura, colocaban los paños que servían tanto para limpiar los instrumentos, como para envolverlos. El temple era cuestión central:

> El templado de estos cuchillos no debe ser hecho con zumo de yerbas, aunque fuesen salutíferas, por quitar la color (...), ni con jabón, ni con Cornada; sin vidrio, ni borras de colores, ni con azufre, ni con orina, ni con sangres, como hacen algunos, por hacerlos fuertes, que de esto contrae mal sabor, y mácula, e infección de lo que cortan, y non se pueden de ellos apartar, o quitar por la infección, penetración, incorrupción que en ellos hace, mas sea hecho con agua clara, y limpia, común, dulce, de fuente corriente, o de río, no de pozo, ni de aljibe, y serán por ello

[5] VILLENA P.22.
[6] VILLENA P.151.
[7] Véase: De Caria, Adriana – *Historia del Tenedor.* Disponible en Amazon.

mejores en tajo, durada y color, no dando mal sabor, ni afección de mal sanidad en lo que cortaren[8].

Formas de cortar

Cada palacio sostenía su propio ritual y forma de cortar. Enrique de Aragón distingue algunas diferencias: en Francia se usaban cuchillos muy delgados, con vientre, llamados *trinchadores*.

En Italia y gran parte de Alemania, y de Inglaterra hacían sus cabos de marfil, guarnecidos en oro y plata, esmaltados, tallados y labrados, "de gran hermosura y limpieza". En España los usaban más vastos y pesados, con empuñaduras doradas, acanaladas, labradas. Entre los moros no se usaban grandes cuchillos, porque servían la carne menuda, ya apartada de los huesos y adobada, sólo *gañivetes* para cortar el pan o mondar fruta. "Esta diversidad nace de la diversidad de las viandas y de la manera de comerlas (...) el presente Tratado para Vos en especial hago, y non universal para todas las gentes"[9].

[8] VILLENA P.40.
[9] VILLENA P.32.

4. SPREZZATURA

Italians are just effortlessly stylish.

–Comentario de un posteo de Instagram

Después de haber examinado las funciones generales del trinchante español del siglo XV, es momento de enfocarnos en la figura del trinchante italiano del Cinquecento, aunque primero debemos detenernos en un concepto clave para describirlo. Para ser scalco o trinchante en Italia no bastaba cumplir con todos los requerimientos ya expuestos si faltaba una cualidad que era mucho más etérea, una característica que sigue siendo un rasgo latente en la italianidad, que a menudo se hace notar, pero que puede ser tan sutil como el aleteo de una mariposa. Baldassarre Castiglione, conde de Novallata, diplomático y escritor, pero sobre todo hombre mundano, supo captar esa cualidad y traducir en palabras. Para eso tomó un término que no había sido acuñado por él; el término era *sprezzatura.* Alrededor de su idea e implicancias fundó su obra, *Il Cortegiano*[1], que fue escrita entre 1514 y 1524. Este libro se erigió en una auténtica biblia profana para todo aquel que se sintiese ávido de aprender a comportarse en sociedad. Alcanzó una difusión plural al ser traducida al francés, inglés, alemán, latín, ruso y por supuesto al castellano, que podemos leer en su versión española online de *El Cortesano*[2].

Manuales de corte, desde luego, no faltaban en toda Europa, pero las concepciones de Castiglione fueron bastante más allá de lo convencional, creando una escuela de comportamiento original, porque a diferencia de otros tratados sobre conducta en sociedad, su fortaleza no reside en lo que reprime, sino en lo que exalta. No se trata tanto de lo que no se debe hacer, sino que apunta hacia conductas deseables, que no se pueden copiar, que no se imitan, sino que son intrínsecas del verdadero noble. Es en esas conductas en las que hace

[1] Castiglione, Baldassarre – Il Cortegiano. Edición no original, de 1593 – Venecia. https://play.google.com/books/reader?id=A8B6Ya91TK4C

[2] Versión española: Castiglione, Baldassarre – El Cortesano, 1561 – Amberes. https://play.google.com/books/reader?id=Af85AAAAcAAJ

hincapié, haciendo nacer un arte que se funda en la gestualidad, y codificando toda una gramática alrededor de una tendencia que es culturalmente italiana.

El punto de partida de Castiglione fue este: "Formemos un cortesano tal que aquel príncipe que sea digno de ser servido por él, aunque gobernase un estado pequeño, pueda igualmente ser llamado Gran Señor". Un tiro por elevación donde es el servidor quien enaltece el nivel del príncipe. Pero al mismo tiempo que habla de formar al cortesano, también afirma que "la gracia no se aprende" y que "quienes nacen tan bienaventurados, y tan ricos de tal tesoro, a mí me parece que tengan poca necesidad de otro maestro, porque ese benigno favor de natura parece casi que, a despecho, lo guíe más alto de lo que ellos puedan desear". Castiglione sostiene el mismo principio que pregonaban los formadores de scalchi y trinchantes: el don de la gracia puede ser bendición de la naturaleza para individuos de cualquier extracción social; la buena cuna no es en absoluto garantía de generación de sujetos virtuosos. El problema que se plantea (y no resuelve) es que el aspirante no dotado se queda sin chance de ser elevado. Allí donde aplica el *quod natura non dat, Salmantica non præstat*, no encuentra solución posible. Peor aún, Castiglione sostiene que quien carece de gracia, pero la ambiciona, suele pecar de querer obtenerla de manera forzada, cayendo así en el vicio de la *afectación*.

> Peligroso escollo es la *afectación*; débese huir de ella, y empleando tal vez una nueva palabra, conviene aplicar en cada cosa una cierta *sprezzatura*, que sería algo así como una *despreciatura*, si cabe el neologismo, que oculte el arte y la forma de hacer las cosas, y demuestre que aquello que se hace y se dice sea hecho sin fatiga, casi sin pensarlo. De esto creo yo que derive la *gracia*, porque de las cosas bien hechas cada uno conoce la dificultad que le costó lograrlas, pero desde afuera se ven como hechas fácilmente, lo cual genera grandísima maravilla. Por el contrario, el forzar y el fingir, dan como resultado suma falta de gracia, o hace estimar poco las cosas, por grandes que ellas sean. Pero si se puede decir que es verdadera arte aquella que no parece ser arte, más empeño

se ha de poner en ocultarla, porque si es descubierta, quita en ello todo el crédito y hace al hombre poco estimado[3].

Sprezzatura es entonces aquella gestualidad que aunque estudiada y calculada, a los ojos del espectador luce desenvuelta y grácil. Es una cualidad cuyos límites son tan borrosos que encuentran como peligro próximo el defecto de *la afectación*. La demarcación entre *sprezzatura* y *afectación* es una línea casi imperceptible, pero las manifestaciones de una y otra son prácticamente opuestas. Mientras la primera es virtuosa, la afectación pone en evidencia la voluntad de forzar aquello que no es. Por el hecho de dejar a la vista la intencionalidad, la acción resulta una *sprezzatura* fallida, "es una cosa que sale justamente al revés de lo que se presupone, o sea de esconder el arte".

Se desprende de esto que *sprezzatura* viene a ser la elegante descomposición de la compostura. Si, por otro lado, la compostura resulta rígida, se convierte en otro vicio, que en italiano es llamado *attillatura*, acción de estar tieso, como quien camina con la cabeza inmóvil para no descomponer la melena, o como aquel que "lleva el espejo dentro del sombrero y el peine bajo la manga" (Castiglione dixit). En español, *Sprezzatura* podría traducirse como *apostura*, un término, que aplica incluso Enrique de Villena, mucho antes que el surgimiento del neologismo en Italia, o también podríamos decir *prestancia*, *garbo*, con cierto toque de impavidez e indolencia.

Pero en el fondo, el acto de la *sprezzatura*, aunque desenvuelto, encubre un ensayo, que por nada debe ser puesto en evidencia. Un ejemplo de perfección a seguir es el del hidalgo, que mientras anda, montado a caballo, mantiene una postura suelta, como si estuviese caminando. "Vean como un caballero sea de mala gracia cuando se esfuerza por andar tan estirado sobre la silla, como nosotros solemos decir, a la Veneciana[4], en comparación a otro, que parece no pensar en ello, y esté a caballo tan suelto y seguro como si anduviese a pie". Los movimientos adquieren estudiada naturalidad, tan estudiada que terminan por ser incorporados a la propia personalidad. No por nada el estereotipo del gaucho a caballo atravesando la inmensidad de las pampas

[3] Castiglione, B. – op. cit. P. 21t/82v.

[4] Montar a caballo "a la veneciana" debía de ser, sin duda, una pésima manera de cabalgar, considerando que en Venecia no es posible desplazarse a caballo. Hoy en día, se usa la expresión "conducir un auto a la veneciana" para burlarse de una situación similar, por las mismas razones.

argentinas despierta en el imaginario colectivo delirios románticos: es por su intrínseca *sprezzatura*.

Castiglione cita un ejemplo inverso, en negativo, cuando se refiere a un hombre que en su afán de querer imitar un gesto del rey Fernando I de Nápoles, alzaba a menudo la cabeza y torcía una parte de la boca, como si fuese ese un gesto de refinamiento, cuando en realidad al desaventurado Fernando la salía involuntariamente esa mueca por causa de la afección producida por una parálisis facial.

La *sprezzatura* aplica a todos los ámbitos del quehacer humano, no sólo la gestualidad, sino también la danza, la música, la pintura, y desde luego el habla. Juan de Valdés en 1529 (un año más tarde que la primera edición de Castiglione) en *Diálogo de la doctrina christiana* dice:

> El estilo que tengo es natural y, sin afectación ninguna, escribo como hablo; solamente tengo cuidado de usar vocablos que signifiquen bien lo que quiero decir, y dígolo cuanto más llanamente me es posible porque, a mi parecer, en ninguna lengua está bien la afectación.

Los tiempos fueron volteando hacia el rebuscamiento del Barroco, y las bellas maneras se vieron corruptas de envidia, decadencia y aires conspirativos: *Il Cortegiano* no tardó así en caer en desgracia, criticado primero (por ejemplo por Torquato Tasso en *Il Malpiglio, overo de la corte),* prohibido por la Inquisición después, aunque siguió circulando de forma clandestina.

La palabra *sprezzatura* terminó por esfumarse del vocabulario italiano y tal vez sea este el mayor éxito del término mismo. El concepto quedó tan incorporado que hasta la misma palabra fue olvidada. Esos movimientos y gestos del ser italiano, que todavía llaman la atención al observador externo, son culturales, son idiosincrasia, parte del actuar espontáneo, olvidando el esfuerzo y la palabra misma. Quedan otros términos aplicables, como *leggiadrìa*, de la que tomo la definición dada por Oxford Languages: "Rara finura o compostura, acompañada y sustentada por el valor de la espontaneidad y referida especialmente a la armonía de los detalles de la apariencia, actitud, estilo". Pero este enunciado no termina de irradiar las connotaciones caballerescas, y por tanto masculinas, propias de la *sprezzatura*. No se trata, huelga decirlo, de un rasgo racial: hijos de africanos o asiáticos nacidos hoy en Italia, se encuentran ellos mismos como "víctimas" involuntarias de esa matrix, haciendo gala de una *sprezzatura* digna de las más logradas publicidades de *United Colors of Benetton.*

Si hoy la *sprezzatura* se vuelve objeto de análisis y de estudio, eso sucede fuera de Italia. Se ha escrito mucho entorno a ella, pero por parte de quienes ven el fenómeno desde la vereda de enfrente (entre los cuales me incluyo). Baste asomarse a la librería de Amazon para toparse con una decena de publicaciones que exhiben el título *sprezzatura*: ninguno escrito por un autor italiano.

Estas nociones parecen tener poco que ver con la materia que nos ocupa, sin embargo los presupuestos resultan consistentes a la hora de entender lo que sigue, en particular el próximo capítulo referido al trinchante italiano, que en pleno Renacimiento se distinguía de todos sus pares europeos, y también para considerar este tipo de comportamiento como particular tamiz por el que se filtraron conductas tan propias de la Italia de entonces y de la actual, que es inevitable heredera de esa forma de pensar y de ser.

5. EL TRINCHANTE ITALIANO

El verdadero Trinchante será aquel que trinchará cada cosa sobre el tenedor elevado, lo que vulgarmente en Italia se suele decir *trinciare in aria*.

Y quiero que tú lo hagas sin afectación y con buena gracia.

–Vincenzo Cervio, p. 15.

Casi dos siglos más tarde de que Enrique de Villena escribiera su Arte Cisoria, en Italia proliferaban los tratados sobre cómo trinchar correctamente. El saber se fue afianzando y especializando en cada corte. *Il Trinciante* de Vincenzo Cervio, hombre de orígenes humildes, pero de grandes dotes, que llegó a trabajar al servicio de Alessandro Farnese en Roma, estaba en línea perfecta con los conceptos de Castiglione, enseñando una forma de cortar particular, que era la que se aplicaba en Italia. La pieza de carne debía ser sostenida en el aire y, sin apoyo alguno, ser trinchada dejando caer los cortes de su anatomía como plumas sobre el plato; una forma de actuar que en los otras países no aplicaba, y no solo por la italiana teatralidad que llevaba implícita sino por lo dificultosa de replicar.

Cervio, como es fácil suponer, quería que el trinchante fuese noble, de buena presencia, bien vestido, moderado en el habla, gallardo, para que no le temblasen las manos al manipular los cuchillos bajo la mirada de muchos grandes señores, y recalcaba que el trinchado debía absolutamente llevarse a cabo delante de los ojos del señor, jamás en la cocina.

Un siglo más tarde, el napolitano Antonio Latini decía: "cuando deba trinchar en el aire, no demuestre temor, porque el temor debilita las operaciones". A Latini lo delataba el ya instalado estilo barroco al recomendar lo siguiente:

> Debe el Trinchante tener algún bello Anillo en el dedo meñique de la mano izquierda, de forma tal que cuando se trincha en el aire, se muestre más admirable a los Convidados. Que esté atento a no hacer gestos o movimientos con los ojos o con la boca, pero en cambio haga todo con apostura (...). Que no tosa, ni toque nada con las manos, sino cada cosa con las puntas del tenedor y cuchillo, y tenga cuidado de no tener el brazo de la mano que sostiene el tenedor demasiado elevado, no vaya a ser que la grasa termine escurriéndosele sobre la propia mano[1].

El anillo recomendado por Latini, se había usado hasta poco antes para detectar venenos. En el Barroco se convertía en mero objeto de exhibicionismo.

Latini también advierte con consejos básicos de buenos modales.

> Si tuviera necesidad de soplarse la nariz, o de rascarse, o de escupir, desplácese disimuladamente de su puesto y luego regrese enseguida, haciendo como si hubiese ido a tomar cualquier cosa necesaria para su Oficio. No hable si no es interrogado, y cuando responde, use cortesía, bellas palabras, habiendo afirmado Pitágoras que el hombre con el habla moderada da a entender aquello que sabe y que hace. Si tiene ocasión de reír, lo haga de manera que la boca quede entrecerrada. Cuando trinche en platos de plata, advierta que los platos no se rayen[2].

Para el difícil arte de trinchar a la italiana, los caballeros debían contar con herramientas apropiadas. Tal como para el tenista no da igual cualquier raqueta, la particular gestualidad requería de cuchillos especialmente diseñados, con filos y sobre todo mangos que consintiesen practicar aquellos pretendidos gestos de destreza. Dice Cervio:

> En Francia y en Alemania los trinchantes de Príncipes grandes no adoptan sino los tenedores largos de manga y cortas, de dientes tan cortos, que queriendo con ellas ensartar un capón, por la cortedad de ellos no se podría; adoptan también cuchillos grandes, largos de manga

[1] LATINI. P. 37.
[2] LATINI. P. 37.

> y de filo, y la mayoría de ellos sin punta, aunque así no ensarten; y no trinchan cosa alguna sobre el tenedor, sino que cuando quieren trinchar para su señor ponen la punta del tenedor en el pecho de un capón, o bien un trozo de carne en el plato, sin elevarlo, y de aquella carne, cortan las fetas largas y finas, y aquella sobre la punta del cuchillo la ponen sobre el plato de su señor; y lo mismo hacen de todas aquellas cosas que quieren trinchar, y aun si quisieran trinchar un gigote o una espalda de oveja, de cabra, o de otro animal, ellos tomarán uno de los extremos de la servilleta que tienen sobre la espalda, y la envolverán alrededor de la pata del gigote, y con la mano izquierda lo elevarán, cortando luego con el cuchillo las fetas anchas, grandes o pequeñas, como más plazca a su señor. Esta forma de trinchar a ellos parece muy bella, tal como a quienes no saben trinchar según nuestro modo, aunque de un tiempo a esta parte, por la frecuentación de príncipes extranjeros, sus trinchantes se fueron acomodando en parte a la manera de trinchar nuestra. Nuestros formatos de tenedores y de cuchillos a ellos parece muy bellas, y de ellas se sirven[3].

Claro que no cualquiera podía ser digno de ser llamado trinchante. Cortar, podía hacerlo cualquiera, pero hacerlo con estilo, no era cosa de todos.

> Un remendón sabrá cómo arreglar un zapato, pero no por eso se le debe dar el nombre de zapatero (...). A mí no me parece cosa honesta que se deba llamar trinchantes a ciertas gentuzas, las cuales yo he visto muchas veces en Roma, Venecia, Boloña, Florencia y particularmente en casi toda la Lombardía en las casas de gentilhombres tanto como en cenas ordinarias, como en grandes convites, los cuales a la hora de comer se ponen una servilleta delante bajo la cintura, a modo de delantal, doblando las mangas hacia atrás hasta el codo, como si quisieran hacer carnicería; luego sobre el aparador, con un gran tenedor ensartan un capón, o un gran trozo de carne, el cual ponen luego sobre una gran tabla de madera y con un gran cuchillo desharán la anatomía, cortando cada cosa transversalmente sin ninguna consideración, poniendo luego de aquello de lo que cortaron sobre muchos platos, los cuales ponen luego

[3] CERVIO. P. 6.

> en medio de la mesa; y si acaso faltara cantidad sobre ellos, nuevamente vuelven a trinchar de la misma forma que antes, y con la tabla en mano irán alrededor de la mesa, y con la punta del cuchillo van proveyendo donde será necesario (...). Esta forma de cortar no se debe llamar trinchar, ni estos tales deben ser llamados Trinchantes, sino que con justa razón los podríamos llamar en cambio carniceros (...) y no quiero que ningún gentilhombre aprenda a hacerlo de este modo, porque causaría gran vergüenza[4].

Antes que Cervio, Giovan Francesco Colle, caballero napolitano en la corte de los Este, ya se había expresado más o menos en los mismos términos: el trinchante no debe ser confundido con los carniceros y los "trinchones", quienes cortan en pedazos informes, ásperamente, moviendo con torpeza manos, cuerpo, cabeza, lengua, piernas, haciendo gestos extraños con la boca y con los ojos, en lugar de la apostura que corresponde a quien sabe, porque "esos gestos incómodos son la infamia de los actos corporales"[5].

El arte de trinchar se ha perdido ya en casi todas partes, pero en los países con historia de trinchado, como Italia, sigue quedando clara una idea bastante cabal acerca de cómo debe servirse el animal sacrificado, o al menos de cómo no debe ser presentado en la mesa. No puede ser de otro modo allí donde por lo menos desde la Antigua Roma se sigue un protocolo formal como este:

> Los esclavos domésticos eran asignados a los distintos servicios de mesa según sus habilidades y su apariencia: los más atractivos (*capillati*), vestidos con diminutas túnicas de sirviente, llevaban el cabello largo y tenían la tarea de servir las bebidas o picar la carne. Estos últimos generalmente habían asistido a escuelas especiales (como la de Trifero, recordada por Marcial, que enseñaba a sus discípulos a cortar correctamente utilizando modelos de madera), por lo que no les bastaba con

[4] CERVIO. P. 4.

[5] Colle, Giovan Francesco – Refugio over ammonitorio de gentiluomo, 1532. P. 8t/29v. https://play.google.com/books/reader?id=KJGEXVzAnqYC
Colle era un scalco napolitano quien se desempeñó en la corte de Ferrara.

saber cortar perfectamente, sino que compartían el trabajo con representaciones escénicas o cómicas[6].

Cordero patagónico

Argentina, mi país de nacimiento, es un ejemplo inverso en el que se ha perdido la brújula de ese noble arte de trinchar carnes. En mi anterior vida profesional como planificadora turística, tuve numerosas oportunidades de organizar fastuosos banquetes en la Patagonia y Buenos Aires para clientes italianos. Recuerdo una ocasión en particular, cuando una compañía de seguros de Trieste trajo a Argentina a sus cien mejores vendedores de toda Italia como parte de un viaje de incentivo en el que no se escatimaron galas. Para trazar las líneas del ambicioso proyecto, Flavia L., la líder del proyecto, no dudó en cruzar el Atlántico para evaluar personalmente los recursos y posibilidades del desarrollo del programa. Buscando ideas originales, la acompañé a la Patagonia para delinear la estructura del viaje hasta en sus más mínimos detalles, que debían reflejar una implícita cuota de sprezzatura. En aquel entonces, no conocía ese término en palabras, pero después de haber trabajado durante años para tantos italianos, tenía claro que ese *no sé qué* indispensable para concebir cualquier evento que se preciara de ser auténticamente italiano.

En el majestuoso Parque Nacional Los Glaciares, una parada obligada fue una de las tantas estancias o galpones donde se prepara el emblemático cordero al asador. La primera impresión de Flavia fue de absoluto entusiasmo mientras el maestro asador nos explicaba con detalle la refinada técnica de cocción, colocando el cordero entero a un ángulo preciso de 45 grados con respecto a las brasas para lograr una cocción insuperable. El entorno natural no podía ser más extraordinario para el impacto visual que se pretendía lograr, con un efecto sorpresa tras otro, como si hubiésemos estado recomponiendo el banquete renacentista de la Ferrara estense. Sin embargo, toda esa magia se esfumó en un instante cuando el gaucho tomó la pieza asada con manos firmes y comenzó a desguazarla sin cuidado alguno, en una especie de "carancheo"

[6] Tosini, Helen – Apicio e la cucina degli antichi romani. En: Ager Veleias, 10.15 (2015), www.veleia.it

que parecía una segunda muerte para el pobre animal. Para mí esa manera de hacer en la Patagonia era familiar, pero al ver el horror reflejado en los ojos de Flavia, sentí cómo se me paralizaba el corazón. No era en absoluto aceptable que el cordero fuese tratado con tal falta de respeto. Pero, sorprendentemente, en ninguno de los numerosos sitios turísticos que visitamos, ni siquiera en Ushuaia, donde el cordero al asador es una insignia local, pudimos encontrar un trinchante que supiera honrar la carne como es debido. Han pasado muchos años desde que dejé esa profesión y desconozco si la situación ha cambiado; espero sinceramente que así sea.

Pasando a una realidad más concreta y menos estética, recuerdo una esclarecedora conferencia de Juan Barcos, productor de Wagyu de Barcos & Sons, un hombre apasionado y comprometido con los desafíos –algunos inconcebibles– de la ganadería argentina. En esa charla, Barcos detallaba su ambicioso proyecto de enseñar a los carniceros argentinos una habilidad tan fundamental en su oficio como es despostar una media res correctamente. El método convencional que aplican de manera irreflexiva no solo resulta en un desperdicio imperdonable de carne valiosa, sino que también impide realzar el valor de cada corte, como debería ser. El plan de Barcos incluía traer a renombrados profesores franceses al país para impartir cursos de formación profesional a los trabajadores del sector. Era una iniciativa digna de aplauso, sin duda alguna. Desafortunadamente, poco después, la pandemia arrasó con todos los planes, y desconozco el destino final de su noble propuesta.

Técnica infalible para conquistar a una dama

Vincenzo Cervio nos ofrece un delicioso relato del siglo XVI sobre un caballero que, sin ser trinchante de profesión, aprendió tan bien el arte que, al ponerlo en práctica, lo utilizó para conquistar a una dama.

> Ningún gentilhombre, por grande que sea, no tendría que desdeñar saber trinchar, aunque más no fuera para poder en un caso de necesidad servir a su Señor, o bien a su Dama, tal como hizo uno de los mayores Señores de la Corte, el cual en tiempo de verano y encontrándose

afuera, en un jardín, donde había muchas damas a la hora de la cena, puéstose en la mesa al lado de una de ellas, especialmente bellísima, y a la cual amaba profundamente, y a quien deseaba servir, hízose dar en mano por parte del Trinchante que estaba detrás de él, un tenedor y un cuchillo, y poniéndose de pie ensartó un faisán y se lo trinchó a aquella Dama con tanta buena gracia como lo hubiese hecho el mejor Trinchante de Italia. Sé bien que no era su oficio, y siendo él de casa ilustrísima, necesariamente debe haberlo aprendido como pasatiempo de la mano de alguien hábil en esta profesión, para poder hacer uso luego en una ocasión como aquélla[7].

[7] CERVIO. P. 2.

6. COPERO Y SUMILLER

Las bebidas representaban un asunto sumamente delicado, no solo por los peligros inherentes de contaminación y deterioro, sino sobre todo por su vulnerabilidad a ser intencionalmente envenenadas. La custodia, preservación y servicio de los vinos, aguas y otras bebidas del señor recaían en manos del copero, una figura clave que completaba el triángulo áureo de la corte, cuyo vértice superior lo ocupaba el scalco y en el otro extremo el trinchante. Estos tres cargos constituían conjuntamente los llamados "oficios de boca", término más utilizado en la corte francesa como offices de bouche.

El equivalente del copero en la corte española (y del coppiere en la italiana) era el bouteiller en la corte de Francia antes del siglo XIV, y más tarde, el échanson, término derivado del antiguo alemán skenkan, que significa "servir la bebida". Sin embargo, incluso después de que se consolidó la figura del échanson, el antiguo bouteiller continuó desempeñando un papel hasta finales del siglo XVI, desapareciendo de la corte francesa justo después de que Borgoña perdió su independencia y fue anexada al Reino de Francia.

Borgoña, como ducado independiente, desarrolló su propia etiqueta de corte, la cual, aunque se inspiraba en gran medida en la del centro del poder francés, conservaba códigos propios y bien definidos. Al igual que el rey de Francia, el duque de Borgoña contaba con su propio échanson, una figura que en esa región, con una tradición vinícola tan antigua y valiosa, no solo ostentaba un cargo hereditario, sino que también disfrutaba de numerosas prerrogativas. Los échansons de Borgoña tenían un rango tan elevado que no es casualidad que muchos de los Grandes Échansons de Francia provinieran precisamente de esta noble tierra.

El Échanson de Borgoña, además, disponía de varios échansons menores bajo su mando, así como de una serie de otros servidores, entre los que se encontraban los sommeliers. Estos últimos eran altos asistentes responsables de diversas tareas relacionadas con el vino, como el ritual de la copa, en un rol que se asemeja mucho al que conocemos hoy en día. En una jerarquía descrita en Bois Morel, Mémoires pour servir à l'histoire de France et de Bourgogne, se puede observar la posición que ocupaba el sommelier dentro de la escala de custodios de vinos:

Premier Echançon, correspondiente a Primer Copero

Ecuiers – Echançons, Escuderos – Coperos

Maître ou Gouverneur des Celiers – Maestro o Gobernante de las Cavas

Douze Sommeliers de l'Echançonnerie – Doce Sommeliers de la Copería

Aides des Sommeliers de l'Echançonnerie – Ayudantes de Sommeliers de l'Echançonnerie

Gardes Huche, Guarda Barriles

Barriliers, Barrileros

Porte-barriles, Transportador de barriles

Portier de Cave, Portero de Cava

Sobre los sommeliers, en el mismo libro se dice:

> Los Sommeliers sirven por estaciones. Uno de los Sommeliers, que se encontraba en servicio cuando el Duque iba a la campaña, debía llevar una taza y un pan envueltos en una servilleta, la cual él llevaba atada a la cintura y al arcón de su silla, él llevaba la taza del Príncipe y dos botellas, una llena de vino, y la otra llena de agua, y marchaba inmediatamente detrás de los caballos del Duque[1].

[1] Bois-Morel, N. de – Mémoires pour servir à l'histoire de France et de Bourgogne. Chez Julien-Michel Gandouin, Paris, 1729

Estas ocupaciones, que posicionan al sommelier marchando inmediatamente detrás de los caballos del Duque de Borgoña, destacan una relevancia y cercanía con el señor que se aleja mucho del humilde papel del porta-barriles, ubicado en lo más bajo de la escala jerárquica. Resulta curioso que la palabra "sommelier" haya sido etimológicamente vinculada con esta última función. Se cree que el término comenzó a utilizarse en tiempos antiguos para referirse al estibador, al sommier, es decir, al conductor de burros que transportaban cargas. Entonces, surge la pregunta: ¿cómo pudo haberse producido una promoción tan notable del oficio, pasando de ser un simple peón de carga a una figura de tal confianza que se le permitía marchar casi en primera fila, tras el duque? Lo habitual es que ocurra lo contrario: que el nombre de un alto cargo se degrade para describir a otros de menor rango. Sin embargo, es extraño que el camino sea inverso, ascendiendo en prestigio y responsabilidad. Nos proponemos explorar un origen de la palabra "sommelier" que desafíe las teorías existentes hasta ahora, ofreciendo una interpretación radicalmente diferente.

Etimología oficial de *sommelier*

La etimología oficial de la palabra *sommelier* está ligada a las *bêtes de somme*, es decir a las bestias de carga. El diccionario de Émile Littré de 1863[2] dice que *sommelier* proviene del bajo latín *somarius*, *summularius*, de *suma*, *sauma*, *sagma*.

Les Sommeliers servoient par quartier. Un des Sommeliers qui étoit de service, lorsque le Duc alloit en campagne, devoit porter une tasse & un pain enveloppez dans une serviette, laquelle il portoit attachée à sa ceinture & à l'arçon de sa selle, il portoit le gobelet du Prince & deux bouteilles, l'une remplie de vin, & l'autre remplie d'eau, & marchoit immediatement après les chevaux du Duc.

https://play.google.com/books/reader?id=nVtUAAAAcAAJ

[2] Littré, Emile – Dictionnaire de la langue française, Librairie de L. Hachette, Paris

https://play.google.com/books/reader?id=hSM-AAAAcAAJ

Historique

XIVe s. Sommeliers, barilliers, portebouts, aideurs et autres appartenant à l'eschançonnerie, Du Cange, sagma.

Sommeliers du corps, des armeures et de la chambre, Du Cange, ib.

Lorin du Buisson, sommelier des espices, Du Cange, ib. Raoul Baron, somelier de chandelerie, Du Cange, ib.

XVIe s. Il la maria à un sommelier d'eschansonnerie de ce jeune prince… elle se mit en pensión chez sa sœur la sommeliere, Marguerite de Navarre, Nouv. XLII.

Étymologie: Bas-lat. *somarius, summularius*, de *suma, sauma, sagma*, charge, faix (voy. SOMME 2).

https://www.littre.org/definition/sommelier

Reconduce a la voz *somme*, carga que llevaba un caballo, un asno, una mula. Esta etimología de Littré se basa en la de Du Cange[3]:

XIVe Sommeliers, barilliers, portebouts, aideurs et autres appartenant à l'eschançonnerie,

Siglo XIV, sommeliers, barrileros, porta barriles, ayudantes y otros pertenecientes a la *copería.*

Se interpreta que estos porta-barriles habrían venido a ser los continuadores de la tarea primigenia del *summularius* (o del *sommeriis*)[4].

El análisis filológico deja de lado un aspecto central: en la corte de Borgoña no sólo se encontraban los *Sommeliers de l'Échançonnerie*, es decir del asunto de los vinos, sino también otros sirvientes con el mismo nombre en otras áreas de la casa ducal. Bois Morel cita, por ejemplo: *Sommeliers de Chapelle, Sommeliers de la Paneterie, Sommeliers de Fruiterie*, cada sector con sus específicas funciones, y por sobre todos ellos, con un rango muy superior se alzaba la figura del sommelier por excelencia que eran el ***Sommelier de Corps*** y el ***Sommelier de Chambre***, figuras de la mayor confidencialidad del duque, a cargo de cuidar la seguridad tanto del cuerpo como de la cámara habitacional del señor, a partir de las cuales declinaban todas las demás. Y si hablamos del cuidado de la cámara, podemos por un momento focalizar en otro oficio, que paralelamente al de sommelier, desempeña hoy un rol en la mesa del restaurante, y que tiene un origen similar: el de ***camarero.***

Sommellerie (so – mè – le – rie), s.f. || 1° Charge de sommelier. Il entend bien la sommellerie. || 2 ° Lieu où le sommelier garde ce qui lui est confié. Les sommelleries, les offices, tout cela formaitun spectacle dont la diligence et la propreté ravissaient d'admiration, ST – SIM, 60,3.

https://play.google.com/books/reader?id=hSM-AAAAcAAJ

[3] Charles du Fresne, señor de Cange, más conocido como Du Cange (1783-1833) fue un jurista, historiador e importante glosólogo francés del latín medieval.

[4] Martellotti, Anna – I ricettari di Federico II – Leo S. Olschki Editore MMV, Firenze "…centum barrilia de vino de galoppo et statim per suum nuntium mittrat **cum sommeriis** ad presentiam domini". Galoppo: ciró rosso di Calabria.

107. Il 21 gennaio 1240 da Arezzo dispone il trasporto per mare di 100 barili di vino da Messina a Napoli, a dove proseguiranno per via di terra destinati all'uso della corte.

109. De vino greco **saumas** iii, de vino grecisco saumas iii, e vino fiano saumas iii.

¿De dónde viene la palabra *camarero*?

En su sexta acepción, la RAE apunta que dentro de la etiqueta de la casa real de Castilla, el *camarero* era el jefe de la cámara del rey. Es decir que *camarero* proviene de *cámara*. ¿Y cuál era la cámara del rey? Pues era el conjunto de sus habitaciones, tanto donde dormía, como donde llevaba a cabo sus funciones principales. Un lugar tan substancial que provocaba ardientes disputas de poder, ya que todos aspiraban a esa cercanía, a ese tuteo con el soberano. En Francia, la cámara contaba con todo un séquito de servidores regido por un noble principal, que fue *Grand Chambrier de France*, un puesto que luego derivó en el de *Gentilhomme de la Chambre*, más tarde *Premier valet de chambre*; en Inglaterra *Gentleman of the Bedchamber*, y en España el *Camarero Mayor* (antes de Carlos I). El equivalente en las cortes de Italia era el *cameriere* y en Austria *Kammerer*.

A partir de la de "camarero principal" se iban luego desprendiendo, en orden jerárquico, posiciones menores. Los subalternos del mayor eran también ellos llamados "camareros", y luego, por extensión, se aplicó ese nombre a otros funcionarios de la casa: *camarero de alimentos*, *camarero de cava*, etc. Este fue el origen del puesto de camarero así como lo concebimos hoy[5].

Del mismo modo, si hoy en los parlamentos encontramos en uso y en diferentes idiomas términos tales como *cámara de diputados, commons chamber, camera dei deputati, chambre de commerce,* el origen lo encontramos, del mismo modo, en estos servidores selectos de la intimidad de los reyes. La palabra *Camarlengo* puede acreditar la misma proveniencia.

Funciones y oblgaciones del Camarero Mayor de España

Yelgo de Bázquez ilustra así el extremo grado de confidencialidad existente entre camarero y señor:

> El Oficio del Camarero es muy principal, y quien lo hubiere de ejercer lo ha de ser para que ayude a cumplir con el oficio, y sobre todo ha

[5] No hay que dejarse confundir por la homonimia con la palabra "cama", cuya etimología es totalmente distinta.

> de ser hombre de claro entendimiento, virtuoso, celoso de la honra de Dios, y de su amo. Porque su oficio trae consigo el estar de día y de noche más cerca de la persona del señor, que ninguno otro de la casa donde le ofrece pedirle el señor su parecer, como a persona de su cámara, y su Camarero mayor: y así es necesario que lo sepa dar, de manera que le sirva a Dios, aconsejándole tantas cosas, que dé a la casa buen ejemplo. Ha de ser hombre de mucho secreto, pues como a persona de su cámara, fía el señor todas sus cosas, así en lo alegre, como en lo triste, que siempre se descansa con quien bien se quiere, que un criado de la condición del señor, es como hermano, y consulta con él todas las cosas de la casa, y en el dar oficios de su servicio con él lo consulta el señor: ¿a quién os parece que hagamos page de camarada, quien de espada?, ¿a quién de estos de espada haremos gentilhombre?, ¿a quién de estos gentileshombres haremos maestresala?, ¿a quién caballerizo?, ¿a quién recibiré por mayordomo?[6].

Yelgo de Bázquez escribió estas líneas según el protocolo de la etiqueta de Castilla, para la cual él se desempeñaba, al servicio del Duque de Uceda, pero en ese mismo momento, esa misma corte vivía el drama de la pugna por el poder contendiendo con otra casa que tenía una codificación muy distinta: la Casa de Borgoña.

La etiqueta borgoñona en la corte de Castilla

Los Reyes Católicos contaban con un ceremonial propio, bien establecido, que reflejaba fielmente una tradición y un carácter profundamente nacional. Sin embargo, cuando Juana de Castilla contrajo matrimonio con Felipe el Hermoso, ese orden ceremonial encontró su punto final. La etiqueta que Felipe traía de Flandes y Borgoña era conceptualmente distinta, y el choque cultural que resultó fue monumental.

Gonzalo Fernández de Oviedo, con toda su buena voluntad, compuso un libro detallando las buenas maneras castellanas con el propósito de que el primogénito del emperador Carlos V creciera y fuera servido como un

[6] YELGO. P. 14t/10v.

verdadero Príncipe de Castilla. Sin embargo, esa guía didáctica nunca llegó a implementarse. En el mismo año en que Oviedo lo escribió, 1547, llegó desde Alemania el Duque de Alba con órdenes directas de Carlos V para ajustar la casa del Príncipe a las costumbres y usos de la corte de Borgoña. Así, el 15 de agosto de ese año, se comenzó a servir a Don Felipe siguiendo las costumbres borgoñonas, tal como lo relata su criado Cristóbal Calvete de la Estrella[7].

La introducción de esta etiqueta foránea por Carlos V desencadenó un conflicto y una gran resistencia por parte de la nobleza castellana, que iba mucho más allá de simples usos, formalidades y modos de servir. Estaban en juego los intereses de las noblezas locales, que veían cómo su prestigio, sus valores y su poder se veían menoscabados. A pesar de ello, mientras los Austrias estuvieron al mando, estas etiquetas importadas permanecieron vigentes en el sistema ceremonial español, aunque siempre fueron contrarrestadas por las presiones de los antiguos poderes locales.

Y aquí llegamos al punto que nos concierne: si en la corte de Castilla el encargado de velar en las cámaras del rey era el *Camarero Mayor*, en la corte de Borgoña el puesto equivalente era el de *Sommelier de Corps*, un término que en España pronto se tradujo como *Sumiller de Corps*. Aunque no eran exactamente lo mismo, pues sus funciones, obligaciones, competencias y prerrogativas diferían en detalles específicos, es posible establecer una clara analogía entre ambos cargos.

Para comprender la equivalencia entre el *Camarero Mayor* y el *Sommelier de Corps*, debemos dejar de lado, por un momento, la asociación automática que solemos hacer entre el sommelier o sumiller y el ámbito de los vinos. Consideremos, en cambio, lo que revela el artículo de Wikipedia sobre el "Sumiller de Corps", que resulta particularmente esclarecedor:

Según esta enciclopedia virtual, "su denominación proviene de la palabra francesa *sommellier* (dormitar) y, por tanto, era, en definitiva, el encargado de regir al personal a su cargo en todo lo concerniente a las habitaciones privadas, el vestir y el aseo personal del rey; en resumen, todo cuanto atendiese al cuidado y apariencia de la real persona y su familia"[8].

[7] Rodríguez Villa, Antonio – Etiquetas de la Casa de Austria, Imprenta de Medina y Navarro, Madrid, 1875 https://play.google.com/books/reader?id=PLUlJUAnUDEC

[8] Wikipedia España, Sumiller de Corps https://es.wikipedia.org/wiki/Sumiller_de_Corps.

Siguiendo esta teoría, el término *sommelier* deriva del francés *sommeil*, que significa sueño, no en el sentido onírico (*rêve*), sino como el estado opuesto a la vigilia. Así, el *Sommelier de Corps* en Borgoña, al igual que su traducción como *Sumiller de Corps* cuando fue introducido en la corte de España, se refería a aquel que permanecía alerta, velando por el sueño del señor. Era, en esencia, quien se quedaba en la cámara del señor o del rey, vigilante y encargado de su cuidado más íntimo.

Bois Morel relata los roles de los *Sommeliers de Corps* y los llamados más específicamente –y aún más similar al Camarero Mayor español– *Sommeliers de Chambre*, que servían a Felipe el Atrevido, duque de Borgoña, en el siglo XIV.

> Sommeliers de cámara o de cuerpo. El Duque tenía seis Sommeliers de cámara, y seis Sommeliers de Cuerpo. El primer Sommelier tenía aposento y mesa en la corte. Todos los Sommeliers comían en dicha mesa, ellos servían por estaciones, tenían las llaves de la habitación del Duque, y allí podían entrar a toda hora. Uno de los Sommeliers de la cámara debía cuidar el lecho hasta que el Duque se acostara[9].

Del mismo modo que del oficio de *Camarero Mayor* se derivaron otros camareros menores, encargados tanto de la cámara real como de otras áreas de la casa, en Borgoña ocurrió algo similar con el *Sommelier de Corps* y el *Sommelier de Chambre*. Estos oficiales tenían bajo su autoridad a otros sommeliers subalternos en la cámara del duque, quienes, a su vez, extendieron su influencia a otros sectores del hogar. De esta manera, el término "sommelier" llegó a referirse también a aquellos responsables del servicio de vinos, entre otras funciones.

En realidad, el cargo de sommelier ya existía como un puesto menor en la corte de Francia del siglo XIV, aunque con el tiempo fue perdiendo relevancia.

[9] Bois Morel, Op. cit.
SOMMELIERS DE CHAMBRE ou DE CORPS. Le Duc avoit fix Sommeliers de chambre, & fix Sommeliers de Corps. Le premier Sommelier avoit appartement & table en cour. Tous les Sommeliers mangeoient à cette table, ils ſervoient par quartier, avoient les clefs de la chambre du Duc, & y pouvoient entrer à toutes heures. Un des Sommeliers de la chambre devoit garder le lit juſqu'au coucher du Duc.
État des Officiers & Domestiques de Philippe le Hardy, Duc de Bourgogne
https://play.google.com/books/reader?id=nVtUAAAAcAAJ

Sin embargo, en Borgoña, el término continuó en uso, abarcando diferentes funciones dentro de la casa del duque. Incluso en la corte real, esos antiguos puestos de sommeliers no eran simplemente estibadores de barriles; se trataba de personajes que podían ocupar un lugar significativo en la mesa de corte.

El de Sommelier de Chambre o de Corps eran cargos puramente borgoñones. En la corte del rey de Francia, el equivalente al Sommelier de Chambre era el Grand Chambrier de France, un título más cercano al que se usaba en Castilla. Sin embargo, fue el Sommelier de Corps, introducido por Carlos I en España, el puesto que se impuso, traduciéndose al español como Sumiller de Corps. En España, este cargo alcanzó un estatus altísimo, siendo altamente codiciado y asociado a un poder considerable.

Antonio Rodríguez Villa describe de manera detallada las atribuciones y obligaciones del *Sumiller de Corps*, resaltando la relevancia y el prestigio de este puesto en la corte española.

> A falta de los dos camareros, tomaba juramento a los gentiles-hombres y ordenaba todo lo concerniente a la cámara, y principalmente el dinero de la del Rey; dormía en la misma cámara, en una camilla baja, hecha a propósito, que quitaban y ponían los ayudas [ayudantes] a las horas convenientes. Cuando los gentiles-hombres echaban las sábanas en la cama de S.M. [Su Majestad], les alumbraba el sumiller con una bujía [vela]. Servía a S.M., en ausencia de los camareros, las cosas tenidas por más honrosas, como la camisa, los vestidos y la capa, así como también la copa cuando comía retirado. Vigilaba el servicio de los gentiles-hombres, y principalmente, si como era su deber, seguían á S.M. a todas partes, aunque estuviese retirado o de luto, pues para ellos no se podía retirar; y aunque entrase el Rey en el aposento de la Reina, habían de entrar con él hasta la misma cámara, porque nunca le podían perder de vista, si no era por indicación expresa de S.M., y saliéndose también la camarera mayor y las damas, en cuyo caso hacían la reverencia y se retiraban a la pieza inmediata, pero no mandándolo S.M. se apartaban hacia la pared lo más que podían sin hablar con las damas. Estando S.M. en la cama no podían entrar con guantes ni con capas, si bien esto último se permitía alguna vez cuando los fríos eran intensos y ellos ancianos, como igualmente usar herreruelos forrados, y entrar de-

> lante de S.M. cuando iba de jornada o de caza, con ropas forradas. Les estaba terminantemente prohibido entrar con pantuflos en la cámara. Llamaban de vos a todos los ayudas de cámara, guarda-ropa, barbero y oficiales de boca. Solos los gentiles-hombres de la cámara podían servir a S.M. y llegar a su persona para darle alguna cosa o hablarle de cualquier asunto, y estando alguno de ellos delante de S.M., no podía ningún ayuda hablar ni dar nada a este, sino dárselo o decírselo al gentilhombre. Espabilaban las velas estando S.M. delante y las ponían en los bufetes, recibiéndolas de los ayudas. Estos no podían entrar en la cámara con pantuflos ni guantes en ningún tiempo, así como tampoco con sombrero, capa, espada, daga ni espuelas doradas[10].
> Dentro de la Cámara (...) el sumiller se convertía en señor absoluto (...) y este acceso permanente al rey dentro de sus habitaciones privadas (...) proporcionaba al Sumiller de Corps todo su poder y autoridad en la vida de palacio. El ceremonial de la alcoba real constituía una de las principales prerrogativas que las etiquetas borgoñonas concedían al Sumiller de Corps, en la medida en que suponían una gran intimidad y un contacto físico con el monarca[11].

Curiosamente, "somier", el término que usamos para referirnos al soporte de una cama, guarda una sorprendente similitud con "sommelier", al igual que la palabra "cama" se asemeja a "camarero". Sin embargo, en ninguno de estos casos existe una correspondencia etimológica, a pesar de la cercanía fonética entre los términos.

Sumiller de la cava

La intromisión de la etiqueta borgoñona en España trajo consigo no solo la figura del Sumiller de Corps, sino también otros modelos de rango inferior, todos ellos inspirados en la jerarquía de sommeliers de la corte de Borgoña.

[10] Rodríguez Villa, Antonio, Op. cit.

[11] Gómez Centurión Jiménez, Cuadernos de Historia Moderna. Anejos, ISSN 1579-3826, N°. 2, 2003 (Ejemplar dedicado a: Monarquía y Corte en la España Moderna), ISBN 84-95215-24-1, págs. 199-239, Al cuidado del cuerpo del Rey, los sumilleres de corps en el siglo XVIII, 2003. https://dialnet.unirioja.es/servlet/articulo?codigo=975316

Entre estos cargos –como no podía ser de otra manera– se encontraba el de Sumiller de la Cava, encargado de la bodega real.

> Era de su cargo guardar la plata {vajilla} propia de este servicio, llevar cuenta con los proveedores del vino regalado, ordinario y nieve que fuesen necesarios para el servicio de S.M., Estados y raciones. El vino de San Martín que se gasta en el vizcocho y el agua de Corpa[12] para la persona de S.M. ha de recibir el sumiller o un ayuda del mismo oficio, y siempre que se lo entregare la persona que lo trajere, ha de hacer la salva, dándosela el sumiller o el ayuda. Ha de saber y tener particular cuidado y averiguar si la fuente de Corpa, de donde bebe S.M.está en la custodia, decencia y limpieza que se requiere; y si fuere necesario limpiarla, poner llaves o hacer algún reparo, dará cuenta de ello al mayordomo mayor o semanero. Ha de proveer de la canela necesaria para el agua de S.M. y los Estados. Asistir a la mesa de S.M. sin sombrero ni espada. Siempre que había necesidad de ir por agua a Corpa le acompañaba un ayuda ó mozo con las llaves, y después de sacada el agua volvía a cerrar el depósito[13].

Podemos afirmar, entonces, que la denominación del oficio de sommelier tal como lo conocemos hoy en día nació en Borgoña. No podría haber cuna más honrosa para el nombre de una profesión dedicada al arte del vino. Su origen no se encuentra en la carga soportada por los abnegados burros, sino en los ojos leales que velaban por el sueño del señor.

Desde al menos el siglo XVI, en textos franceses de diversa índole, el término sommelier aparece asociado casi siempre al *échanson*, el encargado del servicio de los vinos.

En Voyages du P. Labat en Espagne et en Italie, escrito en la primera mitad del siglo XVI, se distinguen claramente ambos términos: sumier y sommelier. El primero aparece en el segundo tomo: "ils suppléent à ce défaut par du sumier qu'ils font eux-mêmes", refiriéndose a que, ante la falta de

[12] Corpa es una localidad situada a 25 km de Alcalá de Henares y 50 km de Madrid célebre por sus manantiales de agua purísima. Era allí donde se encontraba "la Fuente del Rey".

[13] Rodríguez Villa, Op. cit.
https://play.google.com/books/reader?id=PLUlJUAnUDEC

un estibador, los señores tuvieron que cargar ellos mismos los barriles. Más adelante, en el sexto volumen, se menciona un servicio para el que se proveyó "Deux garçons de cuisine. Un Sommelier", es decir, dos ayudantes de cocina y un sommelier para el servicio de las bebidas[14].

En Le petit dictionnaire royal François Latin de F. Pomey, de 1670, ya se encuentra una definición más cercana a la actual: "Sommelier, qui a soin de la dépense du vin, dans une maison" – aquel que se encarga de la despensa de vinos en una casa[15]. A partir de ahí, su uso se afianzó, adquiriendo plenamente el sentido que le atribuimos hoy desde después de la Revolución Francesa.

[14] Labat, Jean Baptiste – Voyage en Espagne et en Italie. Paris, 1730 (el viaje lo hizo fue en 1706).

T2 https://play.google.com/books/reader?id=KRcUAAAAQAAJ P.45.

T6 https://play.google.com/books/reader?id=QlxhAAAAcAAJ P.386t/390v

[15] Pomey, François-Antoine, Le petit dictionnaire royal françois latin, chez Antoine Molin, Lyon, 1670 https://play.google.com/books/reader?id=f-vfZQRO1-gC

7. VINOS DE ITALIA

En el lejano siglo XIII, al fraile italiano Salimbene de Adam le habían llegado los rumores de que en Borgoña se hacía más vino que en Cremona, Parma, Reggio y Módena juntas. Aquello le sonó a fábula, hasta que sus propios ojos pudieron comprobar que Borgoña era un viñedo continuo, sin espacio para otro cultivo que no fuera la vid. El perfume y los tonos dorados del vino blanco de aquella región lo subyugaron de tal manera que, incluso en su vejez, continuó cantando odas a esos elixires.

Salimbene observó cómo los franceses caían fácilmente en la tentación ante aquel líquido dorado. Recordaba un episodio en el que un feligrés le pidió a un fraile que le diera agua bendita para curar sus ojos enrojecidos, a lo que el monje respondió con severidad, diciéndole que esos ojos estaban rojos por el vino y que habría sido mejor verter agua bendita en su copa que en sus martirizados ojos[1]. Fuera agua bendita o no, era costumbre diluir el vino con agua, o más bien, añadir un poco de vino al agua, confiando en que el alcohol lo purificara ante posibles contaminaciones de cualquier tipo.

Tres siglos después, los testimonios sobre los vinos, vistos por los vecinos desde ambos lados de los Alpes, presentan un contraste notable. El reverendo francés Labat, quien, más que un devoto religioso, era un polémico crítico y bon vivant, se mostraba generoso al ponderar los vinos de Tivoli.

> Estuve cuatro o cinco años en París a mi regreso de Italia sin poder volver a acostumbrarme al vino {francés}, cualquiera que fuera (...). El vino puro, es decir, sin mezclarle agua y elaborado con uvas seleccionadas y separadas del racimo, se vende {en Italia} a entre veinticinco y treinta julios la barrica. Por esto debemos juzgar cuánto deben amar

[1] Barbero, Alessandro, Conferencia sobre Salimbene da Parma en Festival della Mente, Sarzana 2011. https://www.youtube.com/watch?v=j3Ozs29miSo&list=WL&index=1.

> los borrachos un país tan bueno. De hecho, no he visto uno no solo que se le arrime: excelentes vinos, deliciosas frutas, cereales que no tienen igual en el mundo, carnes tiernas, grasas delicadas, caza de exquisito aroma, todo en abundancia, a precio barato, campo encantador, casas hermosas, caminos hermosos, gente de espíritu y muy buen negocio. Sólo falta lo que nos sobra en Francia, es decir, gente y estímulo para el trabajo, y buenos hoteles fuera de Roma[2].

Por el contrario, otro francés, Bartolomé Joly, estando en Barcelona en 1603, se lamentaba de los vinos españoles.

> El vino se sube a la cabeza y no es delicado como el nuestro (...). El español no brinda apenas, ni ofrece de beber el uno al otro, pero entonan de tal modo que, levantando la nariz y la mano a un tiempo, todo lo han tragado antes de que nosotros hayamos empezado a llevarlo a la boca. La forma de sus vasos, que ellos llaman penados, penosos, porque tienen el borde vuelto para afuera, les llena de aire y eructan en la mesa sin ruborizarse; los más educados eructan en su servilleta, poniéndosela delante de la boca[3].

A todo esto, los italianos estaban más que satisfechos con los vinos propios, al tiempo que rechazaban los foráneos Decía Vincenzo Cervio:

> El Cantinero debe ser entendido de vinos, y de *raspati*[4] de todo tipo, o sea de uva, y de agua y uva, de jugo de uva y de vino viejo. Debe saber leer y escribir y hacer cuentas y que sea persona fiable y de bien, pero

[2] Labat, Jean-Baptiste. Voyage en Espagne et en Italie. Paris, 1906.
T.4. https://play.google.com/books/reader?id=7VVFu3MxpygC
Chapitre V. Voyage à S. Pasteur. Description du Pais. Les andanges. (P.32).

[3] Pérez Samper, María de los Ángeles, Fiesta y alimentación en la España moderna: el banquete como imagen festiva de abundancia y refinamiento, en Espacio, Tiempo y Forma, Serie IV, Ha. Moderna, t.10,1997. Pp. 53-98.
http://e-spacio.uned.es/fez/eserv.php?pid=bibliuned:ETFSerie4-6F627504-3E15-54FD-D8F3-2A96394B53F9&dsID=Documento.pdf

[4] Cervio, Vincenzo – Il Trinciante, 1582.
https://play.google.com/books/reader?id=jTyXu_LhsfMC

> que no sea Alemán, ni Francés –dicho con dignos respetos–, y procure tener el gusto de su Señor.[5]

Evidentemente, para tener el gusto de su señor, el cantinero debía ser italiano y conocedor de la interminable variedad disponible. Baste ver la extensa "nota de Vinos más loables que se beben en Italia" que nos dejó escrita Antonio Latini un siglo más tarde[6]. Partiendo desde Nápoles, donde él se encuentra, y desde allí, de sur a norte, enumera: *Lagrima di Napoli, Greco di Napoli, Vernotico di Nola, Vino di Gragano, Moscatello di Trani, Moscatello d'Amalfi, Albano di Roma, Malvasia di Candia, Gensano di Roma, Vino delle Ville Borghesi di Roma, Vino della Rosina dei Signori Falconieri –Frascati–, Pisciarello di Bracciano, Moscatello di Perugia, Verdea di Fiorcaza, Moscatello di Mont'Alcino, Vino di Monte Pulciano, Vino d'Orvieto, Vino di Monte Fiascone, Vino di Pistoia, Trebiano di Brescia, Trebiano di Modona, Balsamino di Macerata, Vino di Fiorenza, Moscato di Castello, Claretto di Castello, Vino di Carmignano, Vino d'Artimino e di Valdarno*, y en último lugar: *Chiante di Fiorenza*. Cita solamente tres extranjeros: *Vino generoso di Spagna, Vino di Lingua d'Oca in Francia* y *Claretto d'Avignone*. Y continúa diciendo:

> Me pareció bien hacer mención aquí de los dichos vinos que se suelen beber en Italia, porque muchas veces se habla de ellos, y es bueno que el Scalco u otra persona pueda dar alguna referencia y responder a preguntas que sobre ellos puedan ser hechas. Todos esos vinos son de fácil digestión y combinables con las comidas, y se pueden beber libremente, sea por hombres, como por mujeres, con poca agua, porque no ofenden la cabeza siempre que se beban moderadamente y no hasta el empacho.

En algunas ocasiones, sugiere hacer rebajes con aguas de manantial, decocciones de lentisco o anís. También agrega: "Cuando el vino es fuerte, se agregue agua una hora antes de beber. Cuando el vino es débil y acuoso, se

[5] Los *raspati*, eran preparados que se hacían en la propia bodega en los que se añadía aproximadamente un tercio de agua hirviente en los barriles de vino viejo o de determinado tipo de vinos, según el gusto del señor. No eran vinos que pudieran venderse, sino preparaciones caseras. Véase al respecto: Evitascandalo, Cesare – Dialogo del maestro di casa. Gio Martinelli, Roma, 1598. https://play.google.com/books/reader?id=Py5K-NX2TukC

[6] CERVIO. P. 158t./162v.

deberá beber sin agua, porque el vino demasiado aguado humedece el estómago, genera gases y emborracha más fácilmente".

Maridaje

En la segunda mitad del siglo XVI, Domenico Romoli, apodado *Panunto*, florentino, scalco del papa León X en Roma, advierte sobre los peligros de subestimar las calidades de los vinos a la hora de agasajar a alguien:

> Que aunque se sirvan los banquetes más excelentes que puedan presentarse en la mesa de un gran Príncipe, si se da a beber vino malo, es como si todo hubiese sido en vano; Ustedes se verán vituperados y habrán arrojado a la basura todo el gasto, porque cuando se habla sobre el banquete, lo primero que se pregunta es si eran buenos los vinos, y si la respuesta es "no", todos tuercen la nariz como el rinoceronte[7], y se burlarán, y os juzgarán por la falta de sensatez. Díganle a un amigo que le quieren ofrecer un almuerzo o cena, pero que no tenéis buen vino y lo verán huir, como si le hubiesen hecho una gran injuria.

Era natural entonces que ante semejante variedad de buenos vinos aprovechables, se instruyera sobre maridaje. El mismo Panunto dejó estas recomendaciones para el *bottigliere*, nombre que recibía el sommelier en Italia:

> **Sobre el *bottigliere*.** No quisiera recibir reproches por abundar en demostrarles cuánto sirve el *bottigliere*, cuyo oficio depende del copero, como todos saben, pero quiero deciros que cuando por vuestra orden se haga algún banquete a instancias de vuestro señor, entonces le ordenaréis la cantidad de los vinos y tipo de ellos, tintos, blancos, dulces y ásperos, haciéndoselo saber cuanto antes, así él los pueda servir.
>
> El primero, si hay melones o ensalada, será vino Greco, o Salerno blanco, la invernada malvasía, moscatel o vernaccia,

[7] PANUNTO. P. 349t./694v.
"Tutti fanno il naso del Ririocerote": hacer la nariz de rinoceronte era una mueca de disgusto. Esa expresión no se usa más en italiano; la rescato porque la encuentro graciosa y elocuente.

> Para los antipastos y guisos, vinos blancos y livianos,
>
> Para asados, vinos tintos y mordientes,
>
> Para las frutas, Hipocrás, Magnaguerra o Salerno tinto y dulce.
>
> Mientras tanto, el *credenziere* [custodio de los enseres] para ese momento tendrá ya montado su aparador y servida su mesita de botillería limpia, con su mantel blanco, cubierto de flores, y de verduras, exhibiendo todos sus vasos y jarras limpios, y otros jarrones de cristal y plata, esperando la hora de su servicio.
>
> Las copas y vasos que se usan para la boca de vuestro amo, no los mostréis hasta que él haya tomado su lugar en la mesa. (...)
>
> Si bien recuerdan, os he dicho que si queréis saber ordenar, antes debéis saber hacer, y así como al copero y al botellero se les exige tener gusto, sabor y olfato, y que sean buenos bebedores, y no fanfarrones. Sabréis en esto usar vuestra buena experiencia para que conozcáis todos los defectos que pueda tener el vino que más ha de agradar a vuestro amo[8].

Cristalería

El arte del vidrio, que alcanzó un desarrollo tan sublime en la Roma antigua, eventualmente migró a Constantinopla antes de la caída del Imperio de Occidente. Desde allí, esta tradición regresó a la Península Itálica a través de Venecia, siguiendo un recorrido bastante similar al del tenedor de mesa. La evidencia más antigua de un maestro vidriero en la ciudad insular proviene de un manuscrito del año 982, que menciona a un tal Domenico. A medida que la producción de vidrio fue en aumento, el riesgo de incendios asociados con los hornos motivó al Consejo Mayor de Venecia a tomar una decisión crucial en 1291: trasladar todas las fábricas a la isla de Murano. La fortuna y fama que este traslado trajo a la actividad en la isla son bien conocidas; tanto es así que hoy en día, Murano es sinónimo del arte del vidrio por antonomasia.

> Los vasos eran producidos en grandes cantidades. Hasta el siglo XV, los más simples tenían forma troncocónica o cilíndrica, ápodos, sin or-

[8] (1) De Caria, Adriana. Op. Cit.

namento, o con pequeños motivos geométricos de relieve muy bajo. A veces estaban ornados por un filamento azul alrededor del borde. Había también modelos más elaborados, como los originales vasos decorados con gotas. Estos, tal como se evidencia a través de documentos venecianos del siglo XV eran en gran parte destinados al mercado alemán[9].

Hasta ese momento, por cuestiones técnicas, se hacía difícil la confección de cálices, pero ya en el siglo siguiente, los vasos troncocónicos fueron exiliados de las mesas de banquete, para ser confinados al uso conventual. Las técnicas habían alcanzado el punto justo para realizar vidriería de mesa mucho más sofisticada, dando rienda suelta a fantasías de formas, colores y texturas[10].

Durane el Cinquecento, los vidrieros de Murano preferían el vidrio puro y transparente, sobre el que trabajaban con diferentes técnicas decorativas. Una alternativa al vidrio blanco transparente lo ofrece el vidrio blanco opaco o "leche", que a veces está decorado con esmaltes calientes, pero más a menudo se utiliza en forma de varillas largas y delgadas incorporadas de diversas maneras en el vidrio incoloro, dando lugar a vidrio de filigrana, uno de los tejidos de vidrio más originales de los vidrieros del Renacimiento de Murano. Otro tipo de decoración utilizada a partir de mediados del siglo XVI es el grabado en "punta de diamante" o "pedernal", que apenas raya la superficie según un diseño previamente trazado. Esta decoración, que se debe a Vincenzo di Angelo Dal Gallo, hacia 1534, se utilizó para motivos florales y animales extremadamente ligeros que hacen que el cristal sobre el que están trazados parezca envuelto en encaje. Otro tipo de vidrio típico del siglo XVI es el llamado vidrio "hielo", caracterizado por una superficie externa arrugada y aparentemente agrietada, y por tanto translúcida pero no transparente, similar a la del hielo. El retorno a la decoración pictórica se caracteriza por la elaboración en frío del color aplicado al reverso de

[9] (2) L'Avventura del vetro. Un millennio d'arte veneziana. Museo Correr, Venecia. https://correr.visitmuve.it/it/mostre/archivio-mostre/l%E2%80%99avventura-del-vetro-un-millennio-d%E2%80%99arte-veneziana/2011/10/5764/dalle-origini/

[10] (3) Ciappi, Silvia – Il vetro in Toscana dal XIII al XVII secolo: manufatti d'uso del comune e di pregio. En: Milliarium, Periodico di informazione archeologica. https://www.milliarium.it/pdf/n1_vetro_toscana.pdf

> los objetos para explotar la transparencia del vidrio. Hacia finales de siglo apareció también el vidrio decorado con "plumas", obtenido con la técnica de enrollar hilos de leche, "peinados" en festones con una herramienta especial. En la segunda mitad del siglo XVI la forma de los productos de Murano tendió a abandonar la sencillez y funcionalidad anteriores, buscando una articulación más compleja con la adición de elementos plásticos obtenidos de diversas formas con trabajo de estoque, cuyo uso se haría más frecuente en el siglo siguiente. En el siglo XVI la fama del cristal de Murano se extendió por toda Europa y comenzaron las primeras emigraciones de maestros llamados a trabajar en fábricas de vidrio extranjeras, especialmente en Países Bajos, Alemania, Inglaterra y España. Las familias de vidrieros más destacadas de la segunda mitad del siglo XV, además de los Barovier, fueron los Mozetto y los Della Pigna.
>
> En el siglo XVI se puede incluso hablar de "dinastías" como la de los Ballarin, los De Catanei de la "Sirena", los D'Angelo de los "Gallo", los Bortolussi, los Dragani. En este siglo, los vidrieros de Murano preferían el vidrio puro y transparente sobre el que trabajaban con diferentes técnicas decorativas[11].

Si bien los venecianos fueron los absolutos pioneros en el renacimiento del arte de elaborar vidrio, el resto de Europa no tardó en seguirles los pasos. Ya en 1188, se inauguraba el horno de Vimbodí, en Cataluña, marcando el inicio de la producción vidriera en la región. Un siglo después, Bohemia e Inglaterra también comenzaban a fabricar sus propios cristales, y en 1330, Francia inauguraba su primer horno en Bèzu-la-Forêt.

En Toscana, la producción de vidrio empezó a florecer por su cuenta. El primer documento que atestigua la presencia de un horno en Gambassi (Camporbiano) para fabricar vasos y otros objetos data de 1230, durante la era de Federico II de Sicilia. En ese momento, Toscana aún no había alcanzado su esplendor, pero ya comenzaba a perfilarse su ambición de grandeza y su interés multifacético. Observando y admirando la gran corte siciliana, Toscana

[11] (4) L'Avventura del vetro. Un millennio d'arte veneziana. Il Cinquecento. https://correr.visitmuve.it/it/mostre/archivio-mostre/l%e2%80%99avventura-del-vetro-un-millennio-d%e2%80%99arte-veneziana/2011/10/5768/il-cinquecento/

esbozaba su futuro de gloria. Gambassi, situada en la Valdelsa, era un punto de tránsito clave en la Vía Francígena, que conectaba el norte y el sur de Italia. En el siglo XIV, la actividad vidriera se extendió hacia otras localidades, llegando hasta Empoli, y para el siglo XV, se expandió aún más, alcanzando no solo Florencia, sino también otras partes de Italia.

Era difícil empardar el nivel de excelencia que había alcanzado Venecia; solo en el siglo XVII lograron elevarse a ese grado de competitividad. A pesar de esto, los emprendedores del vidrio florentinos gozaban del estatus de grandes y prósperos empresarios, consolidando su lugar en la historia del arte del vidrio.

> Durante el siglo XV, los vidrieros que abandonaron Valdelsa para establecerse en las zonas de la llanura del Arno no pertenecían a una mano de obra en busca de fortuna, sino que en la mayoría de los casos eran empresarios capaces de promover formidables actividades productivas y comerciales (...) Así, los vidrieros de Valdelsa, viendo oportunidades laborales favorables, se trasladaron en gran número, especialmente a Florencia, donde iniciaron grandes negocios, como el de Nicholaio di Ghino, propietario de una vidriería, un depósito y una tienda de venta. Los vidrieros más avezados lograron conquistar posiciones sociales destacadas, hasta el punto de frecuentar los círculos socialmente más elevados de Florencia. A principios del siglo XVI, el vidriero Domenico di Matteo di Gambassi, más conocido como *Becuccio Vetraio*, encomendó al pintor Andrea del Sarto un panel de Virgen entronizada con Niño y Santos para una iglesia de Gambassi (...). Los hornos del Renacimiento producían tres categorías de artefactos de vidrio: los de uso común, destinados a todas las clases sociales y para la cocina, los valiosos, reservados a una elite restringida para fiestas y banquetes y finalmente los de colección o para ocasiones especiales de representación, para beneficio exclusivo de la familia Medici[12].

La demanda principal de vidrio en Europa estaba estrechamente vinculada con la necesidad de producir vidrieras coloreadas para las iglesias, especial-

[12] (5) Ciappi, Silvia. Op. cit.

mente durante la época medieval. Sin embargo, esta demanda no impidió que los talleres de vidrio también se dedicaran a la elaboración de enseres de mesa, como copas, jarras y vasos, que poco a poco fueron ganando popularidad en las cortes y hogares de la nobleza y de la creciente burguesía.

> A lo largo del siglo XV los Reyes Católicos solo compraban para su mesa copas de vidrio de Valencia, de las que se regalaba al menos una al año a cada miembro de la familia. Fuera de esta elite, los elementos de cristal en los inventarios son siempre pocos, aunque la variedad y cantidad es mayor en la Corona de Aragón, mientras en la de Castilla solo a finales del siglo XV aparecen en ciertas casas algunas garrafas, nunca vasos, de vidrio[13].

[13] (6) García Marsilla, Juan Vicente – La corónica: A Journal of Medieval Hispanic Languages, Literatures, and Cultures, Volume 49, Number 3, Summer 2021, pp. 17-50.
https://muse.jhu.edu/article/870812 https://doi.org/10.1353/cor.2021.0047

8. SALVA DE LA BEBIDA Y REVERENCIA

Una de las funciones cardinales del copero era realizar la "salva" de la bebida, lo que implicaba probarla antes que el señor para asegurarse de que no estuviese envenenada. Este procedimiento involucraba un ceremonial de copa que podía llegar a ser extremadamente complejo, como el que describe Mestre Robert de Nola en el siglo XV.

> Cómo se debe dar de beber a los señores. Has de tomar la copa o taza muy bien lavada en la mano derecha, con el mejor aire y gracia que pudieres, y has de sostener la mano más alta que las narices, y esto porque podrías estornudar y estornudando podría caer algo dentro de la taza o copa. Y lo mismo puede ocurrir hablando, lo cual debe evitar quien que da a beber a su señor, porque no debe hablar ni aunque le pregunten, y el jarro ha de traer en la mano izquierda y hecha la reverencia con la mayor gracia que puedas, dar la copa a tu señor, y echar el agua sobre ella mudando el jarro a la mano derecha y después de echada el agua tomar el jarro a la mano izquierda, aunque algunos no mudan el jarro sino echan el agua de la copa con la mano izquierda. Y cuando hayas tomado la copa de tu señor, harás otra reverencia. Y esta manera de servicio es la común costumbre.
>
> Por no ser prolijo he hablado Iivianamente en este servir de la copa. Y ahora hablaré del servicio a la real de los grandes señores con salva. El servicio de las copas a los grandes no se puede hacer bien si no lo sirven dos personas, el uno trae la copa y la taza de la salva y el otro trae el jarro del agua, y este descubre la copa y echa el agua sobre ella. Y después de echar en la taza de la salva un poco del vino aguado y beber de ello, después que ha dado la copa a su señor, antes que beba, debe derramar lo que queda en la salva. Y pasarla a la mano derecha poniéndola debajo de la copa, para que el vino que cayere de ella lo recoja en

> la salva, la cual después que haya bebido tu señor, debes tomar la salva a la mano izquierda. Y tomar la copa con una gentil reverencia y muy baja, y tornar a cubrir con la sobrecopa[1] la que viene con el copero. Y esto antes que haga la Reverencia.
>
> También puede traer el que sirve la copa o el jarro en la mano izquierda del agua y la taza de la salva. Y el otro quite la sobrecopa y si es taza llana la que sirve, el copero puede traer entonces el jarro del agua y la taza de la salva con la mano izquierda, y tomada que haya el señor la taza, pase el copero la salva a la mano derecha, y eche agua en la taza del señor y ponga debajo la salva para coger lo que se derramare de la taza, y beba del vino de la salva el copero antes que el señor comience de beber, el cual ha de estar puesta la rodilla en tierra hasta que acabe de beber el señor, y tómese la taza levantándose, y haciendo su muy graciosa reverencia y muy baja. Y esta doctrina es tan común a todos los criados de los grandes señores que no puedo explicar ni escribir ni la mitad de lo que se hace, según los primores y gentilezas que de cada día se hacen y se hallan en el servicio.
>
> Mas realmente y en verdad los grandes señores no deberían en ninguna manera beber vino sino en vasos de vidrio, preferiblemente un vidrio muy fino que se dice de *selicornio*, porque en este tal vidrio no se puede dar en ninguna manera a beber ponzoña, por cuanto no es posible que la sufra el buen vidrio sin quebrarse. Y por esta razón los grandes señores solían beber antes en vasos de vidrio que no en los de oro ni plata"[2].

Por tan compleja, esta forma de servir se vio simplificada en el siguiente siglo, aunque el acto de salva no podía obviarse, en tanto que las reverencias, que también eran parte del resto del servicio, más allá de las bebidas, se adaptaron al paso de los nuevos tiempos, y con la pertinente dosis de sprezzatura que exigían ciertas cortes italianas, como la de Ferrara del Rossetti:

> Con todo esto, no quiero dejar de decir aunque sea brevemente, de qué forma me gustaría por limpieza y grandeza que un Scalco hiciese servir

[1] Sobrecopa era la tapadera que llevaba la copa como cobertura para evitar envenenamientos. Veremos la cuestión de los "cubiertos" en el próximo capítulo.

[2] RUPERTO. P. 11v.

> a un gran Príncipe. Tráiganse primero los platos en una cesta, y en un mantel, y esté la cesta cubierta y trabada. El Camarero de la semana traiga el primer plato, con servilleta en la espalda, quedándose en la mesa, y ante cada movimiento, haga reverencia, y en el poner y en el quitar los platos, se bese la mano, quite el plato que cubre con garbo, y girándolo con prontitud, para que no gotee el agua que genera el calor sobre la comida, el servicio será así más limpio y decoroso. No querría que los demás Camareros trajesen más que un solo plato por hombre y me gustaría que se hiciera con una servilleta doblada a través del plato, ofreciéndolo con la inclinación reverentemente del pie, y también en cierto modo la cabeza, como si se besaran las manos, y ese Camarero haga hacer la salva[3].

La reverencia era parte no solo de las salvas, sino de la forma de comportamiento social estrictamente pautado. Estos son los consejos para una dama que predicados en el manual femenino, llamado –justamente–, *Ginipedia*[4]:

> El beber debe ser moderado, atemperado, lento y con los ojos cerrados volcados en el vaso; sin hacer un brindis, costumbre que en nuestros tiempos se mantiene sólo en las naciones transalpinas, bárbaras, y si aún otros a Ud. lo hicieran, con un cierto asentimiento, sin hablar, y si quisiera beber, dará señal de acordarse de él, y con un acto de reverencia, dará muestra de corresponder al favor que se le ha hecho, y luego, si ocurriese que algún noble joven le acercase la copa, con una amable declinación previa la aceptará cortésmente, mostrando que conoce muy bien el honor que le hace, y habiendo bebido le dará las gracias con la voz y con una inclinación de cabeza[5].

[3] ROSSETTI. P. 9.

[4] Nolfi, Vincenzo – Ginipedia, o' vero auuertimenti ciuili per donna nobile, 1631. P. 393. https://play.google.com/books/reader?id=Qowe5lNhtgUC

[5] Brindar era cosa "de bárbaros", una costumbre que quedaba por fuera de los italianos. En *Ginipedia* había además admoniciones de este tipo: "tampoco alegrarse si por caso se rompiesen vasos o se derramase el vino, como si eso fuese señal de alegría y de júbilo, porque semejantes proposiciones son supersticiones de Étnicos, no creencias de Cristianos".
https://play.google.com/books/reader?id=Qowe5lNhtgUC

Esta descripción de expresión corporal –entrecerrar los ojos, asentir, dar señales sin emitir un sonido– forma parte del complejo lenguaje de la gestualidad, un campo comunicacional italiano por antonomasia. Los incontables gestos –desde los más grotescos hasta los menos evidentes– son fruto no solo de la efusividad cultural, sino también de un desarrollo quizás imprescindible derivado de las limitaciones impuestas por la multiplicidad de lenguas que, desde la caída de Roma y a lo largo de los siglos, convivieron en un mismo territorio. Allí, los gestos lograron allanar esa barrera. Los gestos fueron la emanación espontánea que vino a suplir la falta de un idioma común, algo que es una conquista muy reciente.

La reverencia en el presente

Damiano David toma el micrófono. Su presencia corporal semidesnuda y su voz potente avallan la escena de Eurovisión 2021. Podría calificarse de "irreverente", pero paradójicamente, en medio de la interpretación de *Zitti e buoni*, en un lo que dura un segundo hace un ademán de inclinación ante su público. Es parte de la representación y sobre todo sarcasmo de lo que la propia canción intenta condenar: la sociedad nos prefiere callados y sumisos. El gesto de reverencia irónica no dura más de un instante, y sin embargo, ni pasa inadvertido, ni deja a nadie indiferente. En un solo movimiento Damiano es capaz de destilar un condensado de sprezzatura de la más pura calidad, demostrándose hijo pródigo de aquello que él mismo en cierta forma condena. Baldassarre Castiglione estaría orgulloso de él, que aun siendo un rebelde en el contenido, demuestra que en las formas su escuela sigue intacta. Un modo de actuar que el paso de los siglos no logró extinguir.

Es curioso y hasta paradójico que en nuestra visión occidental del siglo XXI, y tras tanta historia de sometimiento, de explotación, de esclavitud, *reverencia* se lea casi como una palabra incómoda, sin embargo este gesto casi imperceptible del cantante no fue indemne: la banda de Damiano, Måneskin, resultó vencedora del certamen. Un acto de aparente subordinación pero de tal elegancia que termina por conquistar. Al final de cuentas, ¿no es reverencia acaso la que siguen tributando los actores sobre el escenario al final de la obra? Reverencia, aunque solapada y de post-Revolución Francesa, es el gesto de *chapeau*, de sacarse el sombrero, ante una actitud que nos despierta admiración. El culto a la informalidad de nuestro tiempo nos llevó a una pérdida de la perspectiva, de la admiración al otro, y sobre todo del respeto. No se entienda esta apología como una reivindicación de la superada genuflexión como sometimiento servil, pero intenta sólo reflexionar sobre las desventajas de la relajación social a ultranza que hoy defendemos, que es liberadora en tantos sentidos, pero que en otros resulta contraproducente; baste ver los efectos de la irreverencia y la insolencia en el ámbito de la educación "formal" y las tantas veces normalizadas faltas de respeto a los ancianos. Relegando el valor de la actitud de servicio, estamos olvidando un gesto cultivado a través de los siglos que si es bien entendido se puede encontrar en él la belleza y su poder de seducción. O al menos de todo eso quedaba persuadida en mi juventud toda vez The Police en la radio repetía:

I will turn your face to alabaster
When you find your servant is your master.

9. CUBIERTOS Y OTROS ANTÍDOTOS RITUALES

> Porque no se debe jamás poner cosa alguna delante de la persona del señor que no esté cubierta.
>
> –VINCENZO CERVIO. P. 8T./2V.

Si el cuchillo podía ser mortal por su filo, en la mesa era aún más temido por su capacidad de convertirse en un vehículo de ponzoñas disimuladas, causando una muerte sin derramamiento de sangre y por medios invisibles. Por esta razón, se consideraba una medida de precaución mantener el cuchillo cubierto mientras no estuviera en uso, para alejarlo de cualquier acceso malintencionado. Enrique de Villena lo explica al decir que se debe cubrir "por quitar la sospecha y el peligro de las ponzoñas, que no tan fácilmente en tantas formas con el cuchillo como con la mano, se podrían a la vianda pegar, o en aquella poner"[1].

De igual forma, era necesario cubrir el resto del instrumental y la vajilla susceptibles de ser contaminados; de ahí la utilidad de usar sobrecopas sobre los vasos y cálices. Miguel Yelgo de Bázquez también destaca que el lugar que ocupa el señor se diferencia de los sitios de los demás caballeros precisamente porque la vajilla del señor está cubierta, mientras que la de los demás no lo está.

> Tendrá cuidado el Maestresala de hacer que el repostero[2], cuando se le mande poner la mesa, que cubra el servicio del señor, si este fuese grande, poniendo un taller {plato de madera} debajo, y luego el pan encima, y arrimado al pan un cuchillo, y al lado izquierdo un tenedor y una cuchara, y luego un plato, que lo cubra; porque si hubiera convidados echen de ver cuál es el servicio del Grande, que allí se ve que no hay otro {caballero} cubierto, y en esto se conoce un Grande de España delante del Rey, en que está cubierto, mientras los demás caballeros están

[1] VILLENA. P.19.

[2] *Repostero* era el camarero encargado de la custodia y gestión de los enseres de mesa. Veremos con más detalle este cargo en el capítulo dedicado a *Repostería*.

> *destocados.* Y si acaso convidase el señor a otro Grande a comer, también le ha de cubrir el servicio, y uno de los dos cubiertos ha de poner a la cabecera de la mesa, y el otro al lado derecho para que el señor regale al huésped con el mejor lugar, que siempre a los huéspedes, se les ha de dar lo mejor, sea en la mesa, siendo de paseo por la calle[3].

Es de esta práctica de cubrir los utensilios para prevenir envenenamientos de donde heredamos el término "cubierto", que en nuestra lengua ha derivado en dos acepciones principales, según la RAE:

> 1. Servicio de mesa que se pone a cada uno de los que han de comer, compuesto de plato, cuchillo, tenedor y cuchara, pan y servilleta.
> 2. Juego compuesto de cuchara, tenedor y cuchillo[4].

De lo dicho anteriormente se deduce que lo que hoy consideramos "cubiertos" no es lo mismo que entendían entonces. "Cubiertos" eran aquellos utensilios que, estando sobre la mesa, se cubrían para evitar los perversos propósitos de los desleales. La tríada formada por cuchara, tenedor y cuchillo, que actualmente conocemos como "cubiertos", no existía todavía como tal. Los instrumentos para comer eran los dedos, tal como siguen siendo elementales en muchas culturas hoy en día. Comer con los dedos también tenía y tiene su propio ritual: Ovidio prescribió que el alimento sólido debía ser tomado con tres dedos –pulgar, índice y medio– de la mano derecha, con un movimiento rápido y sin inclinarse hacia el plato con la cara; la mirada debía mantenerse enfocada en otro lugar, sin dejar caer nada de las manos.

La cuchara podía estar presente para los alimentos líquidos; el cuchillo, para rebanar y reducir las porciones de manera que pudieran ser tomadas con los dedos, o para pinchar y tomar el bocado desde la punta del cuchillo. Cucharas y cuchillos eran compartidos y tardaron mucho en ser de uso individual (tampoco lo eran los *talleres* de madera, los platos o los vasos). El cuchillo podía ser un objeto personal, que cada uno llevaba desde su propia casa, a

[3] YELGO. P. 38t/47v.

[4] En francés, del mismo modo, ambos significados rigen para *couvert.* En italiano, para el primer caso aplica *coperto*, pero para el segundo la palabra es *posate*, que podría aludir al acto de posar sobre la mesa el cuchillo personal en el momento en que el comensal ocupaba su lugar.

veces con las iniciales o el escudo de armas de la familia grabado. El tenedor, sin embargo, no figuraba en ese ABC[5].

Nef de table

Otra cobertura importante era la *nef de table* o nave de mesa, cofre en el que se resguardaban los utensilios del rey. Se trataba de una obra de orfebrería de oro o plata con forma de nave, que era puesta sobre la mesa y encerraba bajo llave los objetos de uso real durante la comida, incluyendo saleros y especieros. Se registra su existencia a partir del siglo XIII, aunque las primeras eran más bien modestas. También el vino era custodiado en pequeños barriles con cerradura, o también en flacones de líquido que se guardaban en las propias *nefs*[6]. En la España de Enrique de Villena la "nef "era llamada "arqueta".

> Y todo esto junto sea puesto en una Arqueta, en que esa misma estén los paños en que se han de envolver y limpiar cuando cortare [el trinchante]. Y los paños con que se ha de limpiar la boca del Rey, y las manos, cuando comiere, porque todo a la fiel custodia del cortar sea entregado. Tenga esta Arqueta su cerradura, y la llave el Cortador traiga consigo, la cual Arqueta traer debe al Palacio un Hombre ante él, de forma que la vea a la hora del comer, y ponerla donde estuviere la plata en poder del Repostero.
>
> Guarda cuidadosa se debe poner en estos instrumentos por el Cortador que los tiene, y ha de servir con ellos ante el Rey, quitando la oportunidad y atrevimiento que tomarían los que fuesen desleales, vista la posibilidad y mala guarda de aquellos, y aun sería mostrada en ellos no guardar negligencia y poca limpieza. (...) La guarda debe ser de estos instrumentos puestos en sus Vainas, y Vaseras [contendor de los tenedores de trinchar] cerradas con nudo sabido, en que haya señal secreto, que el que ha de servir con ellos solamente sabido, porque conozca si

[5] De Caria, Adriana. Op. cit.

[6] Viollet-le-Duc, Eugène – Dictionnaire raisonné du mobilier français: de l'époque carlovingienne à la Renaissance, Vol. 2. P. 134t/35v.
https://play.google.com/books/reader?id=jdbQVVKDNmcC&pg=GBS.PA134&hl=es_419

> han a ello llegado, y lo sepa luego, porque a quien antes, que con ellos sirva[7].

A partir del siglo XVI la nave francesa es a veces sustituida por otro tipo de arca llamada *cadenas*, pero la *nef* siguió existiendo y era, además de cobertura, un inequívoco símbolo de poder por la suntuosidad del objeto en sí mismo. Una memoria de caballeros servidores escrita en 1716 recordaba el hecho de que en 1674, en las ciudades de Flandes que acababa de conquistar, Luis XIV había insistido en comer en público con la *nef* sobre la mesa, dando a entender mediante ese gesto simbólico que el soberano era él[8].

Salva de la comida

Si había que escoltar la vajilla, mucha más atención había que centrar en la preservación de comida y bebida contra todo intento malicioso. Para evitar cualquier atentado existía el ritual de la *salva*, del mismo modo que se hacía con las bebidas: antes de que el alimento llegase a la boca del señor, por otras bocas debía ser testeado. Una vez que el rey se sentaba a la mesa, lo primero era proceder con la bendición y el lavado de manos:

> Y cuando el Rey estuviere sentado, y tomando aguamanos, puesto el pan y dicha la bendición, haga traer el Cortador a un Repostero ante sí aquel Bacín [aguamanil] que aprestó con los paños, e instrumentos, y así vaya con él a la mesa, y fincados los hinojos, tome el Bacín, y póngale en la mesa a la mano derecha de adonde ha de servir, y quite el paño, y póngalo tendido en la mesa un cabo hacia sí, y sobre él ponga los cuchillos por orden, lo que más que más, y primero haya menester cerca, y tenga ya amanada la Espuerta de Palma [contendor] cubierta por fuera con cuero colorado de adobo de Guadamecir [Guadamecí], y dentro aforrada de lienzo esté cerca de él sobre la mesa, en donde pon-

[7] VILLENA. P. 48 y 49.

[8] Saule, Béatrix – Insignes du pouvoir et usages de cour à Versailles sous Louis XIV Symbols of power and court tradition at Versailles under Louis XIV – Bulletin du Centre de recherche du château de Versailles, Sociétés de cour en Europe, XVIe-XIXe siècle https://journals.openedition.org/crcv/132

> ga los paños de limpiar las manos, y boca, cuando fueren inmundos, porque non parezcan que fueren untados, y los limpios de ellos queden en el Bacín: la Espuerta dicha tráigala un Hombre suyo del Cortador, que sea fiable, y póngala sobre la mesa[9].

A continuación se hacía la salva de los cuchillos y de todos los demás instrumentos que consistía en pasar el filo del cuchillo y los demás utensilios (tenedores, pinches, etc.) por los manjares que debían ser cortados y ser probados antes que el señor por sus hombres de confianza:

> Conviene ir cortando pequeñas rebanadas, tantas cuanto son los cuchillos e instrumentos, pasando por cada uno cada una de aquellas por los lugares donde ha de tener la vianda, y aquellas rebanadas que las coma el Repostero, que trajo el Bacín, por él encomendado, y podríase hacer esta salva en una rebanada sola, pasándola por todos los instrumentos, pero mejor es cada uno con la suya. Suélese hacer en algunas partes salva de la sal el Cortador; y esto está bien cuando el Salero con los cuchillos se trae, pero mejor es que venga aparte, y que solo el Cortador de sus instrumentos tenga cuidado, de aquellos salva haciendo, como dicho es[10].

La salva mediante olfato, tacto y gusto, no excluía las especias que eran agregadas a último momento.

> Del besar se hace salva, del oler y tañer, por el acercamiento a las narices, y tañimiento de la boca y mano. Y luego descubra la vianda, y taje de aquello que fuere mejor, o que sabe que será más plausible al Rey, poniendo aquella vianda, que cortar quiere en otro Platel llano, dejándolo al cubierto como primero estaba guardándole cuanto pudiere, de llegar a la vianda con las manos teniéndola con los tridentes (...). Debe tener allí cerca otro Bacín pequeño en que lance las mondaduras y huesos que apartare, y sobras de lo cortado, para que non los retorne a los Platos donde está la vianda. Suélenlo algunos esto lanzar en la Nao,

[9] VILLENA. P. 54.
[10] VILLENA. P. 56.

> ò Bacín donde el Rey lanza los huesos, pero mejor es en otro, para que el Rey no vea ante sí y tan cerca la vianda apedazada y le den con muchedumbre de huesos, de que tomase asco, hasta que ponga allí lo que deja de su boca; pero puede allí poner algunas migajas o pedazos de pan que en la mesa quedan, tomándolo con el cuchillo cuarto, y lanzar especias molidas [sobre la vianda], donde cumpliere Azúcar, Vinagre, o Miel, según los manjares lo requieren, y zumos de Granada, y de Naranja, y de Limón. Y tales cosas hechas salvas de ellas. Esto hagan tan prestamente, que no sean menester al Rey demandarlo, o esperarlo, ni de ser por otro recordado[11].

Piedras que delatan venenos

Se creyó durante mucho tiempo que algunas piedras tuviesen la capacidad de ser usadas como detectores de venenos; determinados minerales cambiarían de color ante el contacto con sustancias deletéreas. De Villena ofrece un vasto repertorio de ellas, algunas más conocidas que otras, pero la que él denomina *Pirofiles* resulta por lo menos turbadora:

> La cortadura de las uñas sea medianamente, no mucho a raíz, limpiadas cada mañana, guarnidas sus manos de Sortijas, que tengan piedras, ò engarzaduras valientes contra ponzoña, y aire infecto, así como Rubí, y Diamante, y Girgonza [zircón], y Esmeralda, y Coral, Olicornio, y Serpentina, y Bezoar[12], y Pirofiles, **la que se hace con el corazón del Hombre muerto con veneno cocho, si quiere endurecido, o lapidificada en fuego reververante**; esta traía Alejandro sobre todas consigo, según Aristóteles en su Lapidario cuenta.

[11] VILLENA. P. 57.

[12] *Bezuhar* es bezoar, piedra que se forma a partir de los cálculos gastrointestinales extraídos de animales, cuyo uso se acrecentó tras la llegada del europeo a América: "Estas que traen de nuestras Indias todas son de una manera, que no difieren sino en ser grandes o pequeñas. Los efectos que hazen son admirables, porque es potentissima su virtud contra todo veneno, y fiebres pestiferas, y humores venenosos".

1574 Nicolás Monardes – Primera y segunda y tercera partes de la historia medicinal de las cosas que se traen de nuestras Indias Occidentales que sirven en medicina.

https://play.google.com/books/reader?id=_oBGXdTHPHcC

¿Qué extraña piedra podría ser esta que se extrae del corazón humano? Al no conocer nada que se le asemeje, surgen en mi mente un sinfín de interrogantes. Precisamente por no haber hallado más detalles sobre este inquietante método de obtención de la piedra, mi curiosidad se volcó hacia la historia biográfica del propio Enrique de Villena. ¿Quién fue este hombre que, en medio de un tratado sobre el modo de cortar los alimentos y servir en la mesa del señor, desliza como si nada la sugerencia de semejante antídoto?

En una breve biografía del autor, había leído –sin prestarle mayor atención– que era nigromante. Sin embargo, al profundizar un poco más, se perfila la figura de un personaje fascinante, que, cuanto más se intenta investigar sobre él, más incógnitas y misterios surgen. Ya nos hemos referido antes a su libro Arte Cisoria, un texto de absoluta vanguardia sobre los rituales de la mesa y el uso del tenedor, cuando en España prácticamente ni se conocía. También mencionamos que su manuscrito data de 1423, antes de la invención de la imprenta, y que el libro quedó sin publicar. Pero la gran fortuna del libro fue no haber sido quemado, como tantas otras cosas que escribió.

Esto sabemos de él. Como nieto bastardo de Enrique II de Castilla, la noble cuna, además de sus cualidades personales, postulaban a Enrique de Aragón como un hombre de armas, pero él evitó ese destino. Tampoco encajaba en los roles religiosos de quienes rechazaban las armas. Se casó, pero cuando el rey deseó a su esposa, supo cederla dando un paso al costado, incluso aceptando que se dijera de él que era impotente. En realidad, no lo era, pues se sabe que Isabel de Villena era su hija ilegítima, y tuvo además otra hija.

Fue maestre de Calatrava, aunque su título le fue usurpado. Tampoco llegó a ser marqués, aunque se lo reconociera y se lo reconozca aún hoy como tal. Todo apuntaría a la figura de un perdedor asumido, a pesar de tenerlo todo para alcanzar el éxito social. Pero Villena era un personaje incómodo, que no terminaba de encajar como un engranaje de su tiempo. Lejos de las armas, el matrimonio y los títulos nobiliarios, el universo de Villena estaba en su biblioteca, en su mundo de libros, porque su mente se encontraba más allá de aquellas estructuras asfixiantes. Tradujo la Eneida y tradujo a Dante, y como este tratado, *Arte Cisoria*, que nos interesa, escribió otros textos de diversa índole, impulsados por la amplia curiosidad de su erudición, como por ejemplo el sugestivo *Tratado de fascinación o de aojamiento*[13].

Sus búsquedas alquímicas, así como sus textos en hebreo y árabe, le granjearon su mala fama de nigromante. Pero, ¿acaso la alquimia de entonces no buscaba, como la ciencia moderna hoy, la revelación de lo oculto? Ante los ojos de la ignorancia general, lo desconocido es temido, y probablemente esa desconfianza le haya forjado, tras su muerte, una leyenda negra según la cual el pobre Villena murió dos veces. Él había expresado a su criado la voluntad de que sus restos fueran macerados para que, mediante procesos alquímicos, naciera a partir de ellos su nuevo ser. Mientras tanto, su criado, que era negro, debía adoptar la apariencia de Villena para que todos lo creyeran vivo. Para lograrlo, el sirviente debía llevar puesto un sombrero en todo momento. Cuando esto sucedió y, durante un cortejo fúnebre, el criado se negó a quitarse el sombrero y se lo arrebataron por la fuerza, quedó en evidencia, echando a perder así el experimento del cual, se dice, ya estaba a punto de nacer el nuevo feto.

En el momento de su muerte, su hijita, Isabel de Villena, tenía apenas cuatro años y quedó al cuidado de María de Aragón, reina de Castilla, quien la crió como a la hija que nunca tuvo. Isabel, ya en su juventud, decidió tomar los hábitos, y como mujer cultísima que era, digna hija de su padre, alcanzó gran notoriedad. Se convirtió en una ferviente detractora de la misoginia imperante, desmontando con su elocuencia todo intento de denigrar a la mujer y exaltando la relevancia del género femenino, comenzando por la propia Biblia.

Fue Juan II de Castilla, esposo de María de Aragón, quien, debido a las muchas sombras que rodeaban a Enrique de Villena, ordenó al inquisidor Lope de Barrientos que quemara su biblioteca. Afortunadamente, el *Arte Cisoria* logró salvarse de las llamas.

[13] Villena, Enrique – Tratado de fascinación o de aojamiento. https://biblioteca.org.ar/libros/789.pdf

10. GALATEO

Es bajeza andar lamiendo platos.
–MIGUEL YELGO DE BÁZQUEZ

Podríamos afirmar que lo que nos produce asco hoy en día también lo hacía en el pasado; existen situaciones que son universalmente desagradables, pero también hay otras condicionadas por el entorno y la cultura. Algunos actos que nos repugnan en Occidente son considerados de buena educación en otras partes del mundo: un oportuno eructo al final de una comida en Taiwán es una muestra de aprecio hacia la comida; en Japón, sorber el ramen ruidosamente forma parte del protocolo; en el Magreb, tomar el cuscús de la fuente común con los propios dedos es lo que se espera que se haga. A la inversa, nuestros buenos hábitos pueden alterar a un observador de otras latitudes: la simple visión de una mega porción de milanesa con papas fritas podría indigestar a un nipón acostumbrado a la meticulosidad de sus raciones. Más allá de las diferencias culturales, las reglas de la buena convivencia en la mesa, a través de códigos preestablecidos de comportamiento, han sido una preocupación constante. "Los hombres se sientan juntos a la mesa cuando poseen un acervo de convicciones compartidas, una noción de orden que impide que el comer se vuelva algo caótico o azaroso, y un arquetipo de comportamiento deseable que permite comidas sin sobresaltos", afirma con sensatez Fernando Ampudia de Haro[1].

Los comportamientos que hoy asumimos al sentarnos a la mesa son el resultado de una larguísima evolución, que no ha sido lineal, sino llena de altibajos, cambios y adaptaciones a lo largo de los siglos. Sobre lo que se espera que uno haga y lo que conviene evitar, se ha escrito abundantemente a lo largo del tiempo.

Recordemos una vez más que contar con un plato o un vaso individual es una conquista relativamente reciente, sin mencionar los cubiertos, que, como ya dijimos, prácticamente estaban ausentes. El recurso natural era utilizar los

[1] Ampudia de Haro, Fernando – Las bridas de la conducta: una aproximación al proceso civilizatorio español. Centro de Investigaciones Sociológicas, 2007.

dedos y sorber con la boca directamente del recipiente común compartido con otros comensales. Compartir utensilios era una necesidad debido a la escasez de estos, incluso en mesas nobles. El hecho de tener que colocar los dedos y la boca en los mismos lugares que otros justificaba mucho más que hoy la necesidad de establecer normas claras de convivencia. Desde Carlomagno –quizás el primero en intentar poner orden en una situación bárbara y carente de principios desde la caída del Imperio Romano– hasta Pedro Alfonso, quien en el siglo XII escribió: "Siempre que tengas que escupir en la mesa, hazlo detrás de ti si hay espacio conveniente: no escupas jamás en el banco en que estás sentado", y siguiendo con "Las Siete Partidas" del rey Alfonso X, el Sabio, en el siglo XIII. En la ley número 5 de la Partida II, leemos:

> Sabios hubo que hablaron de cómo los ayos deben de nutrir a los hijos de los reyes, y mostraron muchas razones por las que los deben acostumbrar a comer y a beber bien y apuestamente. Y dijeron que la primera cosa que los ayos deben hacer aprender a los mozos es que coman y beban limpiamente y apuestos. Y apuestamente dijeron que les debían hacer comer, no metiendo en la boca otro bocado hasta que hubiesen comido el primero, porque sin el desaliño que manifiesta, podría por él venir tan gran daño, que se ahogarían al punto. Y no les deben consentir que tomen el bocado con todos los cinco dedos de la mano, porque no los hagan grandes; y otrosí que no coman feamente con toda la boca, más con una parte, pues se mostrarían con ello glotones, que es manera de bestias más que de hombres y de ligero no se podría guardar el que lo hiciese, que se le saliese afuera aquello que comiese, si quisiese hablar. Y otrosí dijeron que los deben acostumbrar a comer despacio y no aprisa, porque quien de otro manera lo usa, no puede bien mascar lo que come, y por ello no se puede bien moler y por fuerza se ha de dañar y tornarse en malos humores, de lo que vienen las enfermedades. Y débenles hacer lavar las manos antes de comer para que queden limpios de las cosas que antes habían tocado, porque la vianda cuanto más limpiamente es comida, tanto mejor sabe, y tanto mayor provecho hace; y después de comer se las deben hacer lavar porque las lleven limpias a la cara y a los ojos. Y limpiarlas deben con las toallas y no con otra cosa, porque sean limpios y apuestos, y no las deben limpiar en los

vestidos, así como hacen algunas gentes que no saben de limpieza ni de apostura. Y aun dijeron que no deben mucho hablar mientras que comieren, porque si lo hiciesen, no podría ser que no menguasen en el comer o en la razón que dijesen; y no deben cantar cuando comieren, porque no es lugar conveniente para ello, y semejaría que lo hacían más con alegría de vino que por otra cosa. Otrosí dijeron que no los dejasen mucho bajar sobre la escudilla mientras que comiesen, lo uno porque es un gran desaliño, y lo otro, porque semejaría que lo quería todo para sí el que lo hiciese, y que otro no tuviese parte en ello[2].

Giacomo Lumbroso en su historia del tenedor[3] detalla este elenco de textos que se expidieron sobre los buenos modales de los siglos XII y XIII: *Cortesie da desco* de fray Bonvesin da la Riva, 1270, con fuerte hincapié en los preceptos sobre importancia de la limpieza de las manos y de los dedos, *De disciplina in mensa servanda*, Hugues de Saint Victor, *De disciplina circa comestionem*, San Buenaventura, *Quot modis peccatur circa cibum et qualiter se debeant habere iuvenes circa ipsum*, Egidio Colonna, Fray Paolino Minorita, *Trattato de regimine rectoris*, quien deplora a quienes "meten los dedos dentro del caldo que pareciera que quisieran pescar o lavarse las manos en él y llenarse el vientre"[4]. Hubo muchos más, como *Tesoretto* de Brunetto Latini (1265), el *Libro del Buen Amor* del Archipreste de Hita, el capítulo sobre la gula en *Lo Crestiá* de Eixemenis...

El siglo XVI fue decididamente pródigo en publicaciones de esa naturaleza. El ejemplo tal vez más célebre sea el de Erasmo de Rotterdam, quien dictó normas de buena educación y comportamiento en la mesa a través *de De civilitate morum puerilium* (1530). También destaca en España *Vanquete de Nobles Cavalleros*, de Luis Lobera de Ávila, del mismo año, 1530. Pero en Italia descolló un libro que marcó un hito y cuyo título pasó a ser en la lengua italiana sinónimo de etiqueta y buenos modales; se trata del *Galateo* escrito

[2] Alfonso X, Las Siete Partidas – Alfonso X – Partida II, Título VII. http://www.ataun.eus/BIBLIOTECAGRATUITA/Cl%C3%A1sicos%20en%20Espa%C3%B1ol/Alfonso%20X/Las%20siete%20partidas.pdf

[3] Lumbroso, Giacomo – La forchetta da tavola in Europa, 1882 – Roma. https://play.google.com/books/reader?id=xwINAAAAYAAJ

[4] *Alguni mette li dedhi entro lo brudo e par k'elli voja peschare o ensembre ad una volta lavarse le man et emplirse lo ventre* (De regim. rectoris ed. Mussafia, 1868, p. 84), en Lumbroso, Giacomo, op. cit.

por Giovanni Della Casa en 1558[5]. En España fue traducido a *El Galateo Español*[6], aunque allí la palabra no quedó luego instalada como neologismo, tal como ocurrió en Italia. Aquí algunos extractos que tienen que ver con la conducta en la mesa:

> 11 – También es mala costumbre cuando alguno mete la nariz en la vasija o taza del vino, o sobre la vianda que otro haya de comer, por ocasión de oler o hacer la cata para dar su parecer; antes no querría yo que probase más de aquello que él solo se ha de beber o comer, pues podría caer algo de la nariz. De lo cual el otro tendría asco aunque en la verdad no cayese, pues hasta la imaginación es pesada cosa. Ni menos debe dar a beber a otro en el mismo vaso adonde él haya bebido, cuando no fuese muy familiar o criado suyo; ni dar a nadie la pera o manzana después de haberla él mordido.
>
> 13 – Ora, pues, ¿qué creeríamos nosotros que hubiese dicho el Obispo y su noble familia a aquellos que vemos a manera de puercos con el hocico en la comida, del todo metidos y sin alzar la cara ni revolver los ojos, y mucho menos las manos de la vianda, y con entrambos los carrillos llenos, que es como si tañesen trompeta o soplasen en la lumbre? Esto, por cierto, no sería comer, sino engullir.
>
> 14 – En las comidas y regocijos no te señales en ser asqueroso, como algunos que tienen por donaire hacer cosas sucias, revolviendo los manjares y la bebida, midiendo los estómagos de los otros por el suyo; porque (aunque parece que se ríen y gustan de ello) le han de acusar de sucio y grosero, y entre gente plática y pulida parece mal. Y los curiosos sirvientes y criados que se ocupan en el servicio de la mesa no se deben en ninguna manera rascar la cabeza ni otra parte del cuerpo delante de sus señores, en especial cuando comen, ni tener encubiertas las manos en el seno ni en otra parte; antes las deben tener descubiertas, y tan limpias que no parezca en ellas señal alguna de suciedad.

[5] Della Casa, Giovanni – Il Galateo. Disponible en Amazon.

[6] Gracián Dantisco, Lucas – Galateo español, Barcelona, 1593.
https://play.google.com/books/reader?id=bPc7AAAAcAAJ

15 – Y aquellos que sirven los platos y la copa, diligentemente se abstengan de escupir en aquel tiempo, o toser, y mucho más de estornudar, porque en los actos semejantes tanto vale y así enoja a los señores la sospecha como la certidumbre.

16 – Y si acaso hubieres puesto peras o manzanas a asar, o pan a tostar sobre las brasas, no lo has de soplar para quitar la ceniza que tuviere, porque se dice que no hay viento sin agua; antes lo debes sacudir ligeramente en el plato, o con argumento y maña, para desviar la ceniza. Lo mismo acontece a los que para quitar alguna pajilla o cualquiera otra cosa están soplando el vino que han de beber sus amos, y suele ser ordinario de algunos, para templar el caldo que está quemando, estarlo soplando; pues no siendo mujer, o cosa propia de quien no se pueda tener asco, es cosa inconsiderada[7].

35 – No es bueno cuando están a la mesa rascarse. Y débese el hombre en aquel tiempo guardar de escupir, y si se hiciere, sea por buena manera, disimuladamente. Que yo he oído decir que se ha visto nación que nunca escupían, pero nosotros bien nos podemos detener por un breve espacio.

36 – Debemos también guardarnos de tomar la vianda con tanta agonía que por ello engendre zollipo [hipo] u otro desapacible acto, como hace quien se apresura de manera que le convenga resollar recio o resoplar, con pesadumbre de toda la conversación.

39 – No conviene recostarse sobre la mesa, ni henchir la boca de vianda de manera que hinche los carrillos. Ni se debe hacer acto alguno por el cual muestre a otro que le haya contentado mucho la vianda o el vino, que son costumbres de taberneros o de parleros bebedores. Ni convidar a los que están a la mesa: "Vos no comiste esta mañana", o " ¿Vos no tenéis aquí cosa que os dé gusto?", "Comed de esto", lo cual no me parece bien, aunque aquel a quien convida le tenga por muy familiar y de casa; que aunque parece que tiene cuidado de él, es ocasión muchas veces para que el convidado coma con poca libertad, porque le parece que tiene lástima de él. Y por esto, el presentar a otro nada de lo que

[7] Desde que comenzó la era post-Covid ha declinado la costumbre de soplar las velas de cumpleaños sobre la torta por idéntico motivo.

él tiene en su plato no creo le estaría bien, si él no fuese mucho mayor en grado que el otro, de suerte que el presentado reciba honra; porque entre iguales parece que el que da se hace en cierta manera mayor que el otro, y puede acontecer pesarle a alguno que el otro le dé nada. Ni por eso tampoco se debe refrenar, ni volver lo que te ha presentado, porque no parezca que le desprecies o reprehendas.

11. SERVIR A LA ITALIANA

> Difícil cuestión es entre la variedad de costumbres que se estilan en las cortes de la Cristiandad elegir la más perfecta forma y flor de esta Cortesanía, porque lo consuetudinario nos hace a menudo gustar y disgustar de las mismas cosas, y allí donde las costumbres, hábitos, ritos y modos que en un tiempo fueron prestigiosos, pronto se vuelven viles, y por el contrario, los viles se hacen preciados. Se ve claramente que la costumbre, más que la razón, tiene la fuerza de introducir cosas nuevas entre nosotros y cancelar las antiguas.
>
> –BALDASSARRE CASTIGLIONE[1]

Dentro de Italia, aunque prevalecía un sentido común en las distintas cortes, también existían claras diferenciaciones entre ellas. Estos matices aún se reflejan en las características propias de cada ciudad y región. Al mismo tiempo, se desarrollaban procesos dinámicos donde las modas rompían esquemas constantemente, dando lugar a innovaciones que, en conjunto, marcaron cambios de época.

Las costumbres de las cortes, sus maneras de trinchar, de beber, de divertirse y de guerrear-también se diferenciaban notablemente a la hora de organizar banquetes. Era en estas ocasiones donde se evidenciaban los gustos personales, familiares y colectivos, así como una serie de tendencias que, de una u otra manera, han quedado reflejadas en las tradiciones nacionales actuales, con todos sus matices locales.

Exaltados por el fasto del poder, los banquetes se convertían en una vidriera eficaz para mostrar e impresionar; los visitantes observaban, juzgaban, comparaban y, cuando lo consideraban oportuno, imitaban. No es difícil imaginar que durante el Renacimiento las galas más deslumbrantes pertenecieran a Italia, y que en los banquetes de los siglos XV y XVI Italia emergiera como una fuente inagotable de inspiración para las cortes vecinas, al igual que lo era en todas las demás manifestaciones de la sociedad, la cultura material y

[1] Castiglione, Op. cit. P. 2t/43v.

del arte. A estos primados se añadía otra obsesión, aún no mencionada aquí pero crucial: la buena comida. Por supuesto, esta era una condición elemental para cualquier corte que se preciara, pero en Italia adquiría ribetes de auténtico fanatismo. Michel de Montaigne quedó asombrado ante las exaltaciones del cardenal Carafa cuando hablaba, precisamente, de esta cuestión: "Me lanzó una prédica sobre esa ciencia de la boca, con una gravedad y un aplomo asombrosos, como si me hubiese hablado de no sé qué punto importante de teología, y todo ello con ínfulas de ricas y magníficas palabras"[2]. Montaigne se hubiera sorprendido al constatar que, paradójicamente, Francia no tardaría en inflamarse de esa misma pasión, arrebatándole a Italia la primacía culinaria.

Los italianos amaban sus propias formas de comer, y tan devotos y celosos eran de ellas que consideraban que las cocinas foráneas no podían estar a la altura. El toscano Antonio Frugoli nos dejó su mirada crítica sobre las maneras extranjeras de preparar y servir la comida. Conocía muy bien la corte española, donde se había desempeñado, y estaba profundamente encariñado con ella. Ese afecto se refleja en sus menciones de palabras castellanas, pero más allá de su apego, como buen italiano, no deja de ser crítico.

> **Modo de convidar a la española.**
>
> Es bueno saber cómo usan convidar en España, en particular en Madrid donde reside el Rey, porque la mayor parte usa servir gran cantidad de Platos, bien presentados, pero con poca diversidad de comidas, las cuales luego en su mayor parte son enviadas para agasajar a diversos amigos y parientes suyos, y por eso ellos hacen muchas comidas de un solo tipo, como muchos platos de capones hervidos, con diversas coberturas, pero la mayor parte con diversos tipos de masa, con queso rallado, azúcar y canela encima, y cuadrúpedos, pero en particular los pavos de India y perdices, conejos y gazapos, con ternera, también asada, y con algunos gigotes, según su uso (...) y si será de noche harán un plato de guisado de las mencionadas carnes, y algún picadillo, o albondigón a la Inglesa, de manera que no se verá mucha variedad de comidas, excepto la Olla [*poderida* o *podrida*] con muchos tipos de carne dentro, de volátiles y cuadrúpedos, en particular tocino, vaca y carnero,

[2] Montaigne, Michel de – Essais I, 51.

con garbanzos y otras diversas legumbres dentro, con diversos tipos de hierbas, según las estaciones, sin la cual Olla, el Convite no valdría nada, y si la servirán en los últimos servicios de Cocina, lo harán con muchos otros potajes y hervidos.

Modo de convidar a la francesa.

Utilizado en particular en Provenza y Languedoc, los cuales tienden mucho a servir a la italiana en cuanto a la diversidad de las comidas y la cantidad, pero las sirven en platos pequeños, y en sus potajes comparten honestamente los ingredientes, pero en algunas, por el hervor en demasía y las muchas especias, no son muy perfectas, ni buenas, pero en cuanto a distintos tipos de masas, son muy bien hechas y buenas. (...) Cuadrúpedos, y volátiles son cortados en trozos pequeños y bien, pero usan servirlos un poco mal cocidos (...). En sus Potajes usan mucho el Vino (...). Sus Gelatinas y Manjares Blancos los trabajan en toda perfección (...). No usan ni Scalco, ni Trinchante, porque la orden de la Cocina lo da el *Metre d'utel* [sic]"[3].

Contra esto, Domenico Romoli, aunque acérrimo defensor de la cocina italiana, admitía que la corte de Francia "no encuentra par en cuanto a formación y despliegue de servidumbre, eficiencia, sincronización de servicio", aunque reafirma lo dicho por Frugoli: que los franceses eran ya desde entonces excelentes en el manejo de las masas de horneo; una calidad histórica a la cual poco más tarde sabrían extraer gran provecho y prodigar enseñanza al resto del mundo.

El "modo de convidar a la alemana", por su parte, consistía en servir para cada paso del servicio un gran plato principal y alrededor de él otros platillos como guarnición del central. Ese modo de servir gustaba mucho en Italia y era aplicado frecuentemente para comidas más informales, nunca en grandes banquetes.

Estructura del servicio de comidas en el banquete italiano

Los banquetes italianos del Cinquecento seguían más o menos esta secuencia:

[3] FRUGOLI. P. 2t/21v.

Un *primo servizio di credenza*, es decir un primer servicio que provenía del "buffet" que se disponía frente a la mesa; servicio frío, que ya en algunos casos era llamado de "*antipasti*"[4].

Un segundo servicio de platos hervidos, y que debían llegar por ende calientes a la mesa.

Un tercer servicio de carnes asadas, también caliente.

Cuarto servicio de tortas, tartas, pasteles, que eran a la vez salados y dulces.

Último servicio, sin número cardinal, donde se servían los confitados. El azúcar, presente en todos los pasos, aquí se hacía omnipresente; lo salado, por su parte, salía de escena. A este último servicio solía anteponerse otro de frutas, aunque estas también podían formar parte de los demás servicios, ofrecidas en distintas versiones.

El orden era a grandes rasgos este, pero podía haber más servicios también. Cada uno de ellos constaba de muchísimos platos, entre siete y catorce, según la jerarquía del banquete. Y cada uno de esos platos abastecía entre dos a cuatro comensales, quienes a su vez luego llevaban al propio plato su porción de comida. Se disponía una amplísima elección que hacía imposible comerlo todo; las sobras iban luego a llenar los estómagos de quienes estaban en la trastienda del evento, ya se tratara de la servidumbre, de los parientes de ellos, etc.

Los contenidos de todos esos platos tenían en Italia, como en las demás naciones, connotaciones muy locales, aunque se estilaba incluir preparaciones a la manera de otras cortes. Así encontramos en el repertorio italiano platos a la francesa, a la inglesa, a la española, a la alemana, a la húngara, etc.

El modo de nominar la sucesión de comidas italiana de hoy, estructurada en *antipasto, primo e secondo*, desciende de allí, aunque hoy los contenidos de esos *primo e secondo* hayan mutado, siendo hoy el *primo* un plato de pasta o un risotto (u otro cereal al plato, o una sopa) y el segundo, un plato de carne o pescados, con sus correspondientes guarniciones. La fruta, antepuesta al postre, también sigue siendo un paso vigente hoy como ayer en este escalafón.

[4] En España a los *antipasti* se los solía llamar los "antes", y al último servicio, los "postres", tal como seguimos denominándolo hoy en la lengua castellana.

12. PONER LA MESA

En castellano, nos resulta complicado encontrar expresiones que equivalgan a "poner la mesa", y mucho menos un término único que resuma estas cuatro palabras. "Tender la mesa" podría ser una correspondencia, pero tampoco logra sintetizar completamente el concepto.

En italiano, cuando se trata de la comida, la lengua cuenta con una miríada de términos específicos difíciles de igualar, no solo en español. El verbo más usado en italiano para esta acción es *apparecchiare*: una sola palabra que engloba toda la acción de preparar la mesa. Sin embargo, la expresión "poner la mesa" tiene su propio encanto, ya que nos remite a tiempos en los que las mesas no eran fijas, sino que se montaban con tablas apoyadas sobre caballetes, para luego ser desarmadas al terminar la comida. Este concepto lo mantenemos con la expresión "levantar la mesa", mientras que en italiano se utiliza *sparecchiare*, antónimo directo de *apparecchiare*. Con un sentido similar, Enrique de Villena usaba la curiosa expresión "asentar la mesa", que con el tiempo cayó en desuso.

Apparecchiare cuenta incluso con un claro sinónimo, que es *allestire*, que etimológicamente se asociaría con "dejar listo" y que se usa para casos más bien formales. De *apparecchiare* deriva *apparecchiatura* y de *allestire, allestimento*, sustantivos que se refieren a la acción del poner la mesa y que directamente faltan en nuestra lengua. Existen incluso otros verbos para la ocasión, menos usados, como por ejemplo *ammanire*.

Si pasamos al ámbito del banquete, la lengua italiana cuenta con otro término específico: *imbandire*, que es servir la mesa, pero de banquete. Sin embargo, *imbandire* no es igual a banquetear. Para eso ellos aplican prácticamente nuestra misma palabra: *banchettare*. *Imbandire* es preparar el banquete, disponerlo, poner las mesas, más todo aquello que corresponde a su alrededor. *Imbandire* comparte un origen común con *bandido (bandito* en italiano*):* tanto para el banquete oficial como para dar con el delincuente, había que exponer un *bando*, es decir un edicto público que diera a conocer en el primer caso que se iba a realizar una celebración, y en el segundo que un malhechor fugitivo era buscado. *Imbandire* no tiene traducción al español.

Otra palabra difícil de traducir es *portata*. Las *portate* (plural de *portata*) son los pasos de una comida, pero mientras en castellano "paso" es un vocablo común a tantos significados, *portata* es más delimitada: es lo que se lleva a la mesa, del verbo *portare*, "portar".

Lo mismo ocurre al tener que referirse a un "plato" *(piatto)*, la lengua italiana dispone, según la ocasión, de la posibilidad de usar, además, las palabras *portata* o *pietanza*, y también, más específicamente, *primo* o *secondo*. En castellano como alternativa a "plato" se me ocurre no más que manjar, o también pitanza, pero cualquiera de los dos suena por lo menos raro o forzado.

La riqueza de la terminología italiana relacionada con el acto de comer en sociedad es un claro reflejo de su importancia histórica y de su vigencia.

Consejos para un banquete

Imbandire y *portata* son justamente dos términos de los que el scalco Giovan Battista Rossetti, en la corte de Ferrara, hace intensivo uso. En particular se dedica a la *imbandigione* (acto de *imbandire*) en la introducción a su *Libro Secondo*, donde antes de entrar en el detalle de los distintos banquetes organizados por él, da una serie de indicaciones generales y revela secretos del banquetear para los jóvenes aspirantes. Estos son algunos de sus consejos[1]:

–Para organizar un banquete, es preciso seleccionar un espacio adecuado, que tendrá estrecha relación con la estación del año en que se lleve a cabo: "nadie podría ser tan estúpido como para no tener en cuenta esto", lo dice sin vueltas.

–Se debe innovar constantemente, tanto en la decoración como en la animación.

–Las mesas han de estar dispuestas de modo que sea cómodo servirlas; las antorchas deben fijarse allí donde las corrientes de aire no desvíen columnas de humo que puedan "ofender a alguien".

[1] ROSSETTI. P. 36.

–Calcular que quepan los platos que se desea servir. "Me gustaría que además del lugar que ocupan los *tondi* (platos individuales redondos) cupiesen aún tres platos a lo ancho y seis a lo largo, con un total de 18 comidas por paso".

–Dispónganse habitaciones donde exhibir tanto los platos fríos del principio como las confituras a las postres.

–Ordenar el suministro de buen pan y controlar que las servilletas estén bien plegadas (nos concentraremos en la delicada cuestión de esos pliegues en lo sucesivo).

–Que la *credenza* (buffet) esté bien abastecida con buen aceite y vinagre, sal blanca, *saba* (arrope de uva), azúcar, pimienta, limones, cedros, palillos, platos y aguas perfumadas.

–Se tenga un lugar apartado para los violines (y no olvidar dar de comer a los violinistas). Que haya provisión de tapices y *corami* para cubrir las mesas (veremos qué son los *corami* en el capítulo que explica el nombre de este libro, *Tres Manteles*).

–Que haya agua para lavar, escobas, personal que levante las mesas después de la cena, que renueven las luminarias y perfumen las habitaciones.

–Hacer acondicionar las habitaciones donde retirarse después de la cena con camas, mesas, orinales, juegos de mesa, músicas ambientales...

–Se prepare otra habitación para el servicio a los coperos y caballeros de servicio, mientras hacer que la *turba* (la "chusma") coma en el *tinello* (comedor de servicio), donde se proveerá pan, vino y otras cosas necesarias: manteles, servilletas, platos, vasos de estaño (los vasos de vidrio quedaban reservados para las mesas del banquete), lámparas, cuchillos grandes con tablas de cortar.

–Tener habitaciones donde se terminen de armar las comidas antes de servirlas.

–Por lo menos haya seis mozos con candelabros que asistan al ingreso de las damas.

–Que haya lámparas grandes para otras salas y antorchas que permitan acceder a las zonas más oscuras, pero advirtiendo ser siempre asistidos por personas capaces de mantenerlas, "ya que no faltan hoy hombres de poca crianza y discreción".

–"No estaría mal tener una habitación apartada y armada con servicio de mesa donde se puedan retirar quienes tengan voluntad de permanecer lejos". Eso regía únicamente para los VIP.

–Se calcule cuántos platos se necesitarán. Por ejemplo, si deben darse dieciocho manjares por paso, se multiplique la cantidad. Si es un banquete, se multiplique por cinco, o sea 18 platos fríos, 18 hervidos, 18 grillados, y otros tantos para frutas, y para confitados, aumentando siempre un veinte por ciento, por eventuales roturas. Preferentemente sean todos de una misma medida. Si fuesen de plata, bastaría triplicar, pero habría que ir lavándolos y esto no es aconsejable por el ruido que provoca, y porque quedan con olor y porque se los roban. Entonces es mejor prever guardias que los custodien.

–Contemplar un scalco para cada servicio (que en realidad era un *sotto-scalco* dependiente del principal).

–Llevar los platos a la mesa con garbo, no a baja altura, "como si uno estuviese buscándose la bragueta", ni tan altos que lleguen al mentón.

–Al retirar una fuente, que enseguida sea sustituida por otra (un confesado horror al vacío). Todo con su correspondiente control de movimientos, sin ansiedad, con elegancia.

Cuenta Rossetti que él mismo ideó una suerte de camillas decoradas sobre las que colocaba las fuentes y así era más fácil transportar varios platos a la vez "produciendo bellísimo efecto".

Esta, aclara, es la forma de servir a la italiana, pero a Rossetti, para comidas menos formales, le gustaba recurrir al orden alemán, que ya mencionamos, más práctico, austero e igualitario.

Si no tiene un frío, dos calientes, fruta y confituras no es banquete

Rossetti aclara las diferencias entre una gran cena y un banquete: el banquete debía ser perfecto, servido con al menos dos manteles superpuestos (punto que explicaremos más adelante), con los dobleces adecuados, y debía incluir como mínimo un servicio frío, dos calientes, uno de frutas, y uno de confitados. Esto se asemeja notablemente a la estructura del menú italiano actual: un antipasto frío, un *primo* caliente, un *secondo* también caliente, fruta y *dolce*. Sin estos elementos, la comida no podía considerarse un banquete. En cambio, las cenas podían mantenerse con un solo mantel (aunque para las más formales un solo mantel no era suficiente) y con al menos dos servicios de cocina y frutas. Las frutas han sido y siguen siendo imprescindibles en la mesa italiana.

En el banquete se debían satisfacer todos los sentidos: los ojos, con belleza e invenciones; el oído, oídos con músicas originales; el olfato con los perfumes; el gusto con la comida; "y el tacto con perfectos condimentos y cosas variadas, como son variados los gustos". El tacto seguía siendo importante en la mesa, más allá del recorrido ascendente que venía transitando el tenedor, y es precisamente por eso que el tenedor al principio provocó gran rechazo por parte de buena parte de la sociedad: la interferencia entrometida de un metal entre el alimento y los dedos anulaba la extraordinaria experiencia sensorial que precedía a la del gusto y que anticipaba a la boca, de forma directa, a través del tacto, el complemento perfecto de lo que informaban vista y olfato.

Jerarquías

Fernando de Antequera, en un momento de osadía, decidió sentarse en la silla real de su hermano, Enrique III de Castilla. Este acto fue considerado una afrenta tan grave que Enrique, de inmediato, ordenó que arrojaran al infractor por la ventana. Afortunadamente para Fernando, la altura no era tanta, y sobrevivió a la caída. Desde entonces, se estableció la norma de colocar la silla real mirando hacia la pared hasta el ingreso del rey al banquete, para evitar que fuera usurpada. Fernando, por su parte, aprendió bien la lección y, años después, cuando actuó como regente de su sobrino Juan II durante su minoría de edad, "por mostrar su lealtad, no quiso asentarse en el escaño donde el Rey era sentado, y asentóse un poco más allá, en dos almohadas"[2].

Las jerarquías en la mesa debían respetarse de manera estricta, como bien señala Rossetti. No todos los comensales tenían derecho a la misma comida ni a la misma vajilla; el servicio era claramente estratificado para reflejar las diferencias sociales:

[2] García Marsilla, Juan Vicente. Op. cit.

–Las comidas servidas a los Príncipes debían diferenciarse claramente de las de los demás comensales. Esto no solo se manifestaba en la calidad de los alimentos, sino también en la presentación y el servicio.

–Se debían disponer mesas y manteles especiales para las *botellerías* (mesas donde se colocaban las botellas de vino), con una proporción de al menos una botella por cada cuatro platos, además de contar con una mesa exclusiva para los Príncipes.

Estas normas y prácticas reflejaban la rigidez de las jerarquías sociales de la época y cómo estas se manifestaban en los banquetes y comidas formales.

La ubicación de los señores durante los banquetes debía ser cercana a la puerta por donde salían los manjares. Esta disposición no es una coincidencia, sino una elección estratégica. Incluso hoy, en cócteles y cenas con servicio de bandeja, es común ver a aquellos más codiciosos apostarse sin vergüenza cerca de la puerta por donde sale la comida, para ser los primeros en servirse. Este comportamiento no es nada nuevo; ya en tiempos antiguos, como lo menciona *Ginipedia*, se contemplaba el beneficio de sentarse cerca del punto de partida del alimento.

> El primero y más honrado es el *capo* de la Mesa (y por *capo* se entiende la parte que está más alejada de la puerta principal por donde se recibe en la entrada), la segunda es la mano derecha de dicho *capo*, la tercera es la izquierda en esa reunión, y así van discurriendo de rango en grado, pero cuando en la Mesa no se hace la cabecera, como suele ocurrir muy a menudo, el primero es el que mira a la puerta por donde entra la comida, que suele ser la puerta principal de esa sala donde se come[3].

Como contrapartida altruista al comportamiento de los señores que se posicionaban estratégicamente cerca de la comida, Salimbene de Adam destaca una notable muestra de generosidad de un rey inglés. Según cuenta, durante una jornada de caza con su séquito, se dieron cuenta de que tenían muy poco vino. Aunque este vino escaso debía estar reservado para el rey, él no dudó en verterlo en una cuenca con agua para diluirlo y así repartirlo equitativamente entre todos los presentes. El rey mismo bebió la mezcla, igual que los demás,

[3] Nolfi, Vincenzo – Op. cit. P.386.

demostrando que no hay nada más grato que compartir. Para Salimbene, este acto reflejaba el ejemplo perfecto del verdadero gentilhombre, educado y noble, aunque un espécimen raro y excepcional.

Timing

Rossetti es además meticuloso en las descripciones de los momentos del servir y del cálculo de los tiempos:

> Si se han de hacer cuatro servicios con dieciséis o dieciocho platos por servicio, teniendo un buen cocinero y la cocina distante de la mesa a unos 150 pasos[4], y considerando que ya servida la mesa con las entradas frías, se deberá iniciar el servicio una vez que todos se hayan lavado las manos, y si hubiese que servir comida caliente, bastaría hacerlo una vez que estén todos sentados, y si fuesen seis platos fríos, se sirvan en el momento que estén por entrar a la sala, y si hará calor, cuando salgan de la sala; y si fuesen doce platos, estando ya los fríos en la mesa, se podrá también servir hasta la tercera parte y avisar una vez que fue puesto en la mesa; y si estuviese listo lo caliente, inmediatamente después de haber puesto sobre la mesa el tercio de los platos del primer servicio, servirás los asados, pidiendo que se acerquen a la mesa quienes tengan que servir, y si fuesen veinticuatro platos, se requerirán más cocineros, y entonces se podrán servir dos tercios de las comidas, antes de que se llamen a los invitados a servirse los platos fríos, y si lo caliente estuviese sobre la mesa, en cuanto fuesen desocupadas las mesas, se comiencen

[4] Las cocinas solían estar situadas a una distancia considerable de las salas de evento, principalmente por dos razones. En primer lugar, los palacios eran extensos y, en consecuencia, algunas salas estaban más alejadas que otras. En segundo lugar, las cocinas se colocaban fuera del espacio habitacional principal debido al alto riesgo de incendios. Dado que los incendios eran comunes, mantener los fogones alejados de las áreas habitacionales era una medida preventiva fundamental; si la cocina se incendiaba, el resto de la casa no debía correr el riesgo de ser afectada.

A pesar de estas precauciones, la distancia estándar que menciona Rossetti, de 150 pasos entre la cocina y el salón, no era poca cosa. Esta separación considerable implicaba que el transporte de la comida desde la cocina hasta la mesa de banquete debía ser cuidadosamente coordinado para garantizar que los platos llegaran calientes y en perfecto estado. Además, esta distancia exigía un personal bien entrenado y una organización precisa para que el banquete transcurriera sin contratiempos, demostrando la importancia de la logística y la planificación en las grandes cenas de la época.

a servir los asados, el que para que quede más caliente que se pueda, una vez que esté servido, se le arrojará por encima la salsa hirviente para recalentarlo.

Rossetti sigue enredándose en sus propias palabras, enseñando el orden de los potajes y asados, de modo tal que se optimicen las temperaturas y no terminen enfriándose ni los primeros, ni los segundos, cosa desagradable y a evitar. Pero su discurso no resulta demasiado claro para lector; él es consciente de eso, y por eso termina diciendo que estas cosas "son más fáciles de mostrar en los hechos que de narrar por escrito".

En un santiamén

Una vez dispuesto el servicio en la mesa, el scalco podía permanecer frente a la mesa el tiempo aproximado de un miserere antes de retirarse para preparar el siguiente servicio. ¿Y cuánto dura un miserere? Aproximadamente dos minutos. En una época en la que no se disponía de relojes, las plegarias cristianas servían como eficientes temporizadores, tanto para el servicio de mesa como para la cocina.

Hoy en día, aún utilizamos la expresión "en un santiamén" para referirnos a algo que se hace de forma rápida e inmediata, sin detenernos a pensar que proviene de la contracción de la persignación, que antiguamente se hacía en latín: "In nomine Patris, et Filii, et Spiritus Sancti. Amen". De manera similar, los tiempos de otras plegarias se utilizaban como medida. El Ave María y el *Pater Noster* también tenían esta aplicación más práctica que sacra.

Por ejemplo, la pasta diminuta llamada "Ave María" debe su nombre al hecho de que su tiempo de cocción coincide con la duración de una de estas plegarias. También existen pastas pequeñas en Italia llamadas *paternoster.* Y si la cocción requería más tiempo, se especificaba la cantidad de avemarías o misereres necesarios, que a menudo eran muchos, dado que las cocciones de las pastas en aquel entonces no se hacían "al dente" como lo hacemos hoy en día.

13. PLATEL DE ORO, PLATEL DE PAN

> Y para que la vianda se pueda mantener más caliente, el Platel [plato] donde se cortare debe tener apoyado un pan llano de ambos lados y alto como una mano, duro y bregado, que no tenga ojos, ni oquedades, el cual debe ser traído por la Panadera con el otro pan de mesa.
>
> –ENRIQUE DE VILLENA. P.60.

Ese pan llano del que habla de Villena, ya fuera que estuviera apoyado sobre el plato, o directamente, en lugar de él, era el soporte necesario para las comidas, útil como ningún otro elemento para recoger jugos, caldos y grasas de los manjares servidos, evitando que los bocados chorrearan sobre el mantel y sobre la ropa. Al mismo tiempo, el pan base que quedaba embebido en los suculentos jugos, podía resultar delicioso para ser ingerido a posteriori, o para ser arrojado a los perros, quienes también aguardaban su parte.

Un siglo más tarde de que de Villena expresara estos conceptos, y aunque el tenedor se encontraba en pleno ascenso, la norma seguía siendo la de comer con los dedos, y entonces, para las comidas informales, el plato de pan seguía cumpliendo una función primordial. Lo mismo que de Villena, para sus servicios a la alemana, también Rossetti exigía que sobre los platos (que a esa altura ya eran individuales) se posaran fetas de pan que ocuparan la misma superficie que los platos que recubrían, y que debían ser sustituidas a menudo durante el servicio[1].

En virtud de esa primordial función del pan chato como soporte de apoyo para distintos ingredientes es que en Italia nacieron tantas especialidades regionales, que aún siguen vigentes. Se llaman *focaccia, schiacciata, schenata, ciabatta, crescentina, tabisca, pinsa, mitilugghia, pissalandrea, sfincione, piadina, panigaccio, bruschetta, guastella*. En esta lista está faltando el pan chato con condimentos por antonomasia, que es la pizza, y que al principio era uno más entre sus pares, pero su buen hado le tenía reservada una evolución diferente, que la

[1] ROSSETTI. P. 44.

terminó consagrando a nivel planetario. Cuando la pizza nació era ciertamente muy distinta a la que conocemos hoy, y no solo: dentro del nombre "pizza" se englobaba una gran cantidad de variedades de productos. Incluso hoy en ámbitos regionales la cosa persiste: por ejemplo *pizze doce* y *pizz'e scimmie*, son dos creaciones culinarias que poco tienen que ver con la pizza tradicional y que se siguen haciendo en el Molise.

Existe todavía hoy una especie de pan con forma de plato pequeño: la *frisella*, una rosca de unos diez centímetros de diámetro que se parte transversalmente en dos mitades, cada una con una cara revestida de corteza y la otra de miga que se deshidratan y se venden en el comercio como galleta. La *frisella* tiene la perfecta forma que hoy, como en esos entonces, emula un plato, y que permite colocar por encima ingredientes varios, como un montadito. En los bares playeros de Sperlonga, o litoral de Fondi, uno puede pedir esta tipicidad, a la que localmente dan en llamar *panzanella*, y que consiste en una *frisella* que es rehidratada primero con agua y luego con el aceite de oliva local, que es el delicioso aceite de Gaeta, y sobre ella amuchan *mozzarella di bufala* que proviene de Fondi, *prosciutto crudo* de Bassiano, tomatitos y rúcula de las huertas que proveen al mercado frutihortícola, todas producciones genuinas del lugar.

Entre los panes-plato del pasado, se cree que uno haya sido llamado *mensa*, que es la palabra que en italiano designa al comedor comunitario. De allí proviene nuestra palabra española *mesa*, y por ende *co-mensal*, o sea "comensales" (*commensali* en italiano) son llamados quienes comparten una misma mesa. Cuando el plato era compartido, el pan también lo era, y es de ese hecho que nació la palabra *compañero*, vale decir y literalmente, quien comparte el pan. Companatico proviene del latín medieval: cum+ panis, "con pan", y designaba, por lo tanto, a todo aquello que se prestase a ser comido con pan, en un contexto en el que el pan era el centro de ese universo y todo lo demás, que se comía junto con el pan, era su "con pan", su companatico.

En la categoría companatico entraban desde los quesos y fiambres, así como también las frutas, como higos, cerezas, uvas, granadas, etc., lo mismo las frutas secas (que luego pasaron a ser englobadas en los panes dulces), el aceite, el azúcar, las habas o arvejas frescas, y otras hortalizas. Casi todo se comía con pan y el pan lo acompañaba todo. Era tanto una forma de comer sentado a la mesa, como comida al paso o en la campaña, todo esto mucho antes de que las necesidades lúdicas del Conde de Sandwich lo llevaran a dar un nombre nuevo a algo que ya, en cierta forma, existía, aunque hubo algo innovador en la construcción de Sandwich que fue la de encerrar los ingredientes entre dos fetas de pan. El concepto parece una cosa obvia y natural, pero no era así como se comía el pan comúnmente, sino montando los alimentos sobre él y no encerrándolos entre dos mitades de pan; no era lo que se estilaba[2].

Con el advenimiento de los sándwiches, que en el siglo XVIII se impusieron de gran moda, la palabra *companatico* fue caducando, siendo reemplazadas respectivamente por el *panino* italiano.

Platos de madera

Primitivamente, los platos más comunes eran los de madera: sencillos, accesibles y duraderos. Se llamaban en español "talleres", porque sobre ellos era posible cortar (tallar) alimentos, en caso de que fuese necesario hacerlo. Aunque recordemos una vez más que la comida llegaba al taller ya troceada, ya que no existía primitivamente el hábito de cortar en el propio plato con cuchillo y tenedor. Recordemos una vez más que la comida se tomaba con los dedos.

Para consumir sopas y potajes, era necesario usar escudillas, que podían ser de madera, de terracota o de metal. También se usaban las cucharas, pero no era infrecuente que las sopas se sorbieran directamente de la escudilla. Ambos utensilios, cuchillo y cuchara, estaban concebidos para ser compartidos hasta cuando no hubo suficiente cantidad para que cada cual tuviese el propio. Una vez que las cucharas estuvieron disponibles para uso individual, lo que había que evitar era que la propia cuchara fuese a parar a la sopera. En *Les délices de la campagne* de Nicolas de Bonnefons, ya avanzado el siglo XVII, leemos: "Los platos de los invitados serán también hondos para que se pueda presentar la sopa y servirse de ella lo que cada uno quiera comer, sin tomar cucharada a cucharada de la sopera, por el asco que puedan tener los unos de

[2] Se cuenta que a fines del s. XVIII, John Montagu, Lord Sandwich, durante sus largas sesiones de juegos de naipes, pedía que le llevasen a su mesa el fiambre entre dos fetas de pan tostado, de esa manera podía tomarlo con sus manos y comer sin ensuciarse y sin tener que dejar de jugar. Sus compañeros y otros jugadores de las mesas contiguas se persuadieron de las ventajas de este bocadillo y se contagiaron, ordenando lo mismo. La tendencia se propagó muy rápidamente.

los otros de la cuchara que, al salir de la boca volverá a la sopera sin haber sido limpiada antes". Resabios de un comportamiento colectivo en la mesa que pasó a ser obsoleto al contar cada uno con sus propios platos y cubiertos[3].

Aunque el plato corriente fuera el de madera, para los nobles se reservaba la vajilla de metal precioso. No siempre podía haber de esta en cantidad suficiente para todos los comensales de rango, pero para los principales no podía faltar.

Las *Ordinacions de la casa i cort* de Pedro el Ceremonioso [1319-1387] prescribían que en la casa real de Aragón solo debía comerse sobre platos de oro o plata, con una gradación entre el oro, la plata dorada y la blanca, en función del estatus de cada uno de los comensales. A menudo, esto era una desiderata más que una realidad, cuando sabemos de compras de miles de platos de madera para la corte, como ocurrió en la coronación de Martín el Humano en 1399, para la que se encargaron 20,000 escudillas y 16,000 talladors de madera, se supone que para el servicio de los invitados al banquete de inferior condición social[4].

La pandilla derrochona de Siena

El señor no solo tenía el privilegio de no tener que compartir su plato con nadie, sino que se le renovaba para cada servicio. "Y para cada manjar que comiera se le cambie de Platel, y que el limpio, para que no se confundan los sabores y que nos muestre la falta de vajilla", decía De Villena. En realidad ya a partir del siglo XIV, la vajilla había comenzado a multiplicarse y a sofisticarse; un proceso que fue irregular y desigual, pero nada podría detenerlo. En esa cruzada, las casas nobles y burguesas de Italia no tardaron en ponerse a la vanguardia de dicha tendencia.

La Siena del siglo XIII era una ciudad-estado pujante, ambiciosa y ostentosa, más que Florencia incluso. El creciente comercio de especias, textiles y la banca iban a la par de un incipiente cambio radical en los gustos de la nueva burguesía. Los fabulosos aportes en materia culinaria inspirados por

[3] De Bonnefons, Nicolas – Les délices de la champagne, 1654 – Paris. P. 381t/417v. https://play.google.com/books/reader?id=8RKWuTLrZFYC

[4] García Marsilla, Juan Vicente. Op. cit. Pp. 17-50.

Federico II de Sicilia, encontraron allí campo fértil y un ansia de seguir innovando, pero con un fasto y gula inusitados, puestos ambos valores al tope de la pirámide.

Fue en ese contexto que entre 1270-80 tuvieron lugar ciertos hechos, erigidos pronto como leyenda popular, que al día de hoy se dificulta dilucidar si sucedieron tal como se relata, ni que parte de esas narraciones forman parte de un mito. Resulta que doce jóvenes, riquísimos vástagos viciados de las mejores familias de Siena, acordaron constituir una particular compañía, una *societas vanissima*, para la cual se estableció un estatuto, y habiendo recolectado entre sus miembros 216.000 florines (equivalentes hoy a unos 15.000.000 de euros), concordaron en alquilar un palacio en el cual se reunirían una o dos veces por mes con el fin de dar banquetes descomunales para ellos mismos. La sede establecida fue *La Consuma*, una casa que todavía sigue en pie sobre Via Garibaldi, no lejos de la incomparable Piazza del Campo. Esta compañía quedó conocida en la historia como *I dodici ghiotti*, los doce glotones, también llamada *La brigata spendereccia*, la pandilla derrochona. Conocemos los nombres de algunos de sus excéntricos miembros: Niccolò dei Salimbeni, Niccolò dei Bonsignori, Bartolomeo dei Folcacchieri, Caccianemico d'Asciano y Lano da Siena. Dante los inmortalizó en su Comedia (Inferno XXIX, vv. 130-132) y Boccaccio en la Novela 9 del sexto día del Decamerón.

Esta brigada se había propuesto organizar grandes galas, cada una con un despliegue jamás visto de lujo y de creatividad. Los encuentros debían ser asombrosos tanto por la puesta en escena (como si se tratara de una teatralización), como por la comida. Al finalizar cada paso de las comilonas, la regla establecía que debían arrojar por las ventanas la vajilla completa, que era enteramente de oro y plata, y sustituirla por otra nueva en el servicio siguiente, con gran algarabía de la chusma, presta a apropiarse de esas joyas descartadas.

En la cocina no valía escatimar. Se cuenta que asaban las carnes en brasas de clavo de olor. La familia de Niccolò dei Salimbeni importaba especias de Oriente y esta sustancia en particular estaba todavía envuelta en un halo de misterio porque no se conocía ni su origen, ni su índole, además de ser prohibitiva por su costo. Tampoco hoy es tan obvio saber que el *Syzygium aromaticum* es el árbol del clavo o clavero, nativo de Indonesia, y que lo que consumimos son sus pimpollos cerrados. Tal vez haya sido a partir del uso descomunal aplicado por estos muchachos que el clavo comenzó a usarse, aunque no en estas proporciones, sino en mínimas dosis.

También se cuenta que hacían freír los florines de oro en pastella para escupirlos tras haber chupado su cobertura. Más allá de lo repelente de la imagen, si sirve como atenuante, probablemente el gesto haya tenido origen en la creencia de que el oro ingerido (en este caso lamido) tenía un efecto saludable para el organismo.

Al gran cocinero de Niccolò dei Salimbeni se le encomendó el diseño de los menús y de los platos, que debían ser de absoluta vanguardia. Se ignora su nombre, pero el conjunto de sus extraordinarias creaciones pasaron a formar parte de una serie de recetarios emparentados que fueron rubricados bajo el nombre de los "Dodici ghiotti", y que recogen manuscritos toscanos de distintas dataciones, de los cuales todavía no queda claro cuáles sean sus relaciones recíprocas, campo en el que queda mucho por indagar.

Otro dato curioso es que muchas de estas recetas estaban prospectadas para doce comensales. Los encabezamientos de las recetas podían ser éstos: "Para doce golosos", "Para doce ricos", "XII ricos glotones"[5]. Estos recetarios trascendieron la Toscana, difundiéndose por toda Italia. Comenzó con ellos el uso de dosificar, todavía no con cantidades exactas, pero sí a *grosso modo.* Fue el momento del nacimiento de una nueva clase que demandaba una categoría de cocineros de alto nivel, no sólo en la Toscana, sino en toda la Península y en Francia también. Los recetarios del siglo posterior siguieron en muchos casos estructurando sus recetas para doce personas. Según la historiadora Anna Martellotti, fue esta base de doce comensales la que condicionó y signó el uso de la docena para armar los juegos de vajilla[6], y aunque el siglo XIII estaba lejos de poder pensar en términos de una vajilla individual, el germen ya había brotado. Los contenidos de los inventarios del siglo XV-XVI reflejan esta tendencia. Podemos poner como ejemplo el inventario de Lorenzo de Medici

[5] El manuscrito de la Biblioteca de Bologna B.U.B. Ms. 158 (A), cc. 86r – 91vb. fue editado por Olindo Guerrini, Framento di un Libro di cucina del sec. XIV, Bologna, 1887.
https://www.mori.bz.it/gastronomia/Frammento%20di%20un%20libro%20di%20cucina%20del%20sec.%20XIV.pdf

[6] Martellotti, Anna – Op. cit. *Capitolo sesto – L'eredità federiciana.*

de 1512, en el que se encontraron juegos de utensilios agrupados de a doce, o de a seis, o múltiplos de seis[7].

La aventura de estos golosos duró sólo veinte meses tras lo cual quedaron en estado miserable, cayendo varios de ellos en desgracia, como fue el caso de Lano da Siena, quien en Torneo del Topo, en el que se batían a muerte, habiendo podido huir, prefirió no hacerlo, dejándose matar, sin oponer resistencia.

Platos de cerámica

Muy a pesar de su fastuosidad, la vajilla de oro y plata adolecía de imperfecciones: era dificultosa de limpiar, difícil que no diera malos olores, se rayaba fácilmente y era susceptible de ser robada, no obstante los cuidados procurados. Venían soplando vientos de cambio en la vajilla, y esos aires provenían del mundo árabe, quienes haciendo gala de sus técnicas de elaboración de cerámica vidriada, producían objetos cuya belleza no encontraba par en Occidente. El arte cerámico venía expandiéndose técnica y decorativamente en todo el mundo musulmán. Bajo ese influjo a partir del siglo XIII, un saber incipiente de protomayólicas fue ingresando a Italia por varias vías: por empezar a través de los árabes de Sicilia que Federico II había obligado a concentrarse en Lucera, al norte de la Puglia. El centro de producción de Lucera permaneció activo hasta que la ciudadela fue arrasada por los angevinos, quienes quisieron deshacerse de toda presencia árabe en su territorio. Otro punto de producción temprana del sur fue Ariano Irpino, en la Campania. En el norte fue un foco clave, por supuesto, Venecia, donde no faltaban maestranzas provenientes directamente desde Bizancio. Desde luego también hubo iniciativas en distintos puntos de la Toscana, como fueron Pisa, Montelupo Fiorentino y Siena. De la misma manera comenzaron a hacer sus incursiones en ese arte en otros puntos del centro de Italia: Orvieto, Montalcino, Viterbo y Roma. No tardarían en sumarse pronto también Faenza, Deruta, Anghiari y Monte Sabino.

[7] Fondazione Memofonte onlus Studio per l'elaborazione informatica delle fonti storico-artistiche http://www.memofonte.it/home/files/pdf/lorenzo_il_magnifico.pdf

Todas estas sedes recibieron su inspiración primitiva a partir de las técnicas y motivos moriscos que manaban desde Al Andaluz, sobre todo desde Murcia, Almería y Málaga. Hasta allí habían migrado ceramistas iraníes antes y egipcios después huyendo de invasiones bárbaras. Fueron ellos quienes introdujeron y desarrollaron allí técnicas de avanzada como la cerámica de lustre, el vidriado al estaño, el dorado, más el uso novedoso del azul cobalto, todo lo cual otorgaba a las piezas una brillantez, originalidad y belleza inauditas. La España cristiana no dudó en incorporar artesanos del sur. Se instalaron así en Aragón (Muel), Cataluña (Barcelona) y principalmente en Manises, Valencia. A partir de la segunda mitad del siglo XV, esta última se convirtió en el primer centro de producción cerámica de estilo mudéjar. Los italianos no tardaron en demandar piezas exclusivas que reproducían, a pedido, sus correspondientes blasones de armas. Como esas cerámicas eran embarcadas en barcos mallorquines, en Italia fueron llamadas *maioliche*, es decir, mayólicas[8].

En Italia soñaban con poder crear ellos mismos los diseños de los motivos decorativos, aplicando sus propias líneas estéticas. Por más bellas que fuesen, no había manera de que las decoraciones mudéjares encajaran en el gusto local, pero en realidad lejos estaban de saber reproducir la cerámica de lustre con el mismo nivel técnico que en España. La solución alternativa que encontraron fue la de imitar sus efectos de brillo a través de la aplicación del color, sobre todo de amarillo y morado, como pintura sobre el vidriado sin cocer. Fue así como en el siglo XI lograron revestir los dibujos moriscos sustituyéndolas con representaciones del Renacimiento italiano, dando origen a hermosas técnicas locales que aún hoy reconocemos cuando vemos las antiguas farmacias con repisas repletas de albarelos finamente decorados. Son los estilos cerámicos que se conocen como *famiglia gotico floreale*, famiglia a occhio di penna di pavone, estilo "a ojo de pluma de pavo", *famiglia a palmetta persiana*, estilo "palmera persa", *zaffera a rilievo*, azul cobalto en relieve. Promediando el siglo comenzaron a reproducir sobre grandes platos las escenas pictóricas que se hacían sobre fresco. Alcanzaron gran magnificencia en ese arte de pintura en cerámica, al punto que el Cinquecento fue el siglo de oro de

[8] Rodríguez Parise, Leonardo – Historia de la Cerámica. Primeras civilizaciones. Universidad del Museo Social Argentino.
https://mi.umsa.edu.ar/miumsa/downloads/materiales/rodriguez.parise.3036/Historia_de_la_Ceramica.pdf

la mayólica italiana. Fue en ese momento en el que la cerámica se impuso en la mesa como vajilla soberbia y en el que los grandes platos pictóricos pasaron a ornar los aparadores[9].

Así como "mayólica", desde Mallorca, había pasado de ser el nombre propio de un tipo de cerámica, ahora era "fayenza", la proveniente de la ciudad de Faenza, la que se convertía en sinónimo de vajilla y otras piezas cerámicas de excelencia. Era en esa ciudad donde ahora convergían los encargues exclusivos desde toda Europa. Y así como Faenza, cada núcleo productor de cerámica desarrolló su propio carácter: Urbino, Pesaro, Pisa, Deruta, Gubbio, Cafaggiola, etc. Muchos pintores italianos se destacaron en este arte en ese periodo: Niccolò Pellipario, Jacopo Fattorino, Giorgio Andreoli, Francesco Xanto Avelli, Virgiliotto Calamelli, Antonio Patanazzi, Nicolò Sisti, Maestro Domenico de Venecia, entre tantos otros. En ese mismo periodo la familia Medici intentó imitar la técnica de porcelana china blanca y azul, pero no prosperaron en las producciones porque resultaba carísimo y los producciones muy frágiles.

[9] Catalogo dei Beni Culturali. Istituto Centrale per il Catalogo e la Documentazione. Ministero della Cultura d'Italia.

https://catalogo.beniculturali.it/detail/HistoricOrArtisticProperty/0901142869
https://catalogo.beniculturali.it/detail/HistoricOrArtisticProperty/0901142874

14. APARADORES

A lo largo de su largo periplo de bodas de Bruselas a Toledo (comenzado a fines de 1501), por donde fuera que pasaran los jóvenes Juana de Castilla y Felipe el Hermoso, eran recibidos con gran despliegue de fiestas, de justas, misas, encuentros políticos, y desde ya banquetes, danzas, músicas y demás tributos. Lo sabemos a través de los muchos relatos de los distintos narradores que cubrieron el evento, casi todos cronistas para nada imparciales, de quienes sus mandantes esperaban las respectivas visiones propagandísticas de los hechos, de un bando y del otro. Para mi gusto, entre tantos relatos estaría faltando una mirada: la de un observador italiano. Quizás algún día aparezca algún manuscrito oculto redactado por el embajador de Venecia de ese tiempo, o algún otro testigo de origen itálico. De ser así, no dudo de que en esos documentos hallaremos lo que las memorias conocidas callan y eso es el detalle de los manjares servidos en cada hito de todo ese recorrido, particularidades que un italiano no hubiese en modo alguno pasado por alto. Existe un esbozo tibio de una comida narrado por Bernardino de Velásquez, Condestable de Burgos. Si la pluma hubiese sido la de un italiano, contaríamos con todos los pormenores de los que el escrito de Bernardino adolece. Pero si les importó dejar constancia acerca de las comidas, hubo, en cambio, otro aspecto mundano que no se les escapó: las descripciones de los imponentes aparadores de platería expuestos en cada palacio especialmente con motivo del paso de los príncipes por esas moradas.

El creciente furor por la suntuosa vajilla no solo apuntaba a acumular una cantidad de enseres adecuados para colocar sobre las mesas cada vez más atiborradas, sino que además esos objetos daban en el blanco a los fines de ostentar, mediante la exhibición conjunta, el propio poder.

Señoríos y cortes no escatimaron medios en la ascendente carrera por atesorar variedad, cantidad, novedad y lujo en sus objetos de mesa; una competitividad en escalada hasta tal punto que como no bastaban las mesas para hacer alarde de tanto boato, era preciso recurrir a soportes externos para montar sobre ellos toda la parafernalia que en gran parte sólo servía como ornamento pomposo. Para eso sirvió el *aparador*, exteriorización del mobiliario donde se guardaba el menaje.

El aparador es en italiano *credenza*, nombre que nació de "creer", de "creencia", de poner a salvo los objetos de mesa de valor custodiándolos contra tres peligros básicos: los robos, las averías y por sobre todo los envenenamientos. La *credenza* era conceptualmente una especie de mueble-cofre que se aseguraba bajo llave. Pero ahora, ante este afán demostrativo, se veía transformado en su contracara: la sobreabundancia y el boato de las piezas debían dar manifestación abierta de la riqueza del noble. En ocasión del banquete, a la *credenza* holgaban sus puertas y cerrojos; lo que ellas habían ocultado debía salir a la luz, convirtiéndose en escenografía. Se erigió así como un mueble abierto, estructurado en gradas, que eran generalmente cuatro, pero podían ser muchas más. Llegó un punto en el que ni siquiera nueve gradas alcanzaron ya, entonces los muebles se multiplicaron, a veces ocupando salas separadas de las del banquete propiamente dicho. El mobiliario se revestía de suntuosos tapices y telas que servían como apoyo y como marco de las ricas vajillas. "Aparador", en español, fue palabra mucho más apropiada que la *credenza* italiana, porque proviene, justamente, de *parar*, en su acepción de *poner de pie*. Esta acción de erguir significaba montar en escena, pre-parar, poner en muestra para cada ocasión, adornar. En italiano existe la palabra *parata* que en una de sus acepciones significa justamente pompa, gala (de ahí deriva la inglesa "parade", desfile). Encontramos el correspondiente ejemplo francés en el *dressoir*, de etimología, paralela, ya que proviene de *dresser*, enderezar, poner derecho, levantar, poner de pie en definitiva, lo mismo que *parare*.

Acabada la fiesta, no podía faltar una *credenza* verdadera, donde posar los implementos efectivamente necesarios en la mesa: esos pasaron a llamarse en castellano *aparadores de tornero*, menos visibles y apostados estratégicamente de modo que mayordomos, trinchantes y pajes pudiesen tener a mano lo imprescindible[1].

[1] Abad Zardoya, Carmen – Las artes efímeras en el banquete, Ars & Renovatio nro 7,2019. Pp. 449-469. http://artedelrenacimiento.com/images/ARSRENOVATIO2019/24-Abad-Injusto-seria-fiar.pdf

Contienda de aparadores

Los aparadores del poderoso Condestable de Burgos fueron descriptos así con ocasión de la cena ofrecida el 22 de mayo de 1502 a los Reyes Católicos en su Alcázar de Toledo:

> Estaba [la sala] ennoblecida con cinco aparadores. Uno, perteneciente al rey, contenía de ochocientas a novecientas piezas de vajillas, tanto de plata dorada como de las otras. El segundo, poseído por el duque de Alba, tenía setecientas piezas de vajillas, tan de oro que había seis grandes tazas de oro. El tercero era del duque de Béjar, adornado con setecientas piezas de vajillas. El conde Benalcázar había decorado el cuarto aparador con seiscientas a setecientas piezas de vajillas, y el conde de Oropesa había puesto al quinto con setecientas piezas de vajillas. [...] Estos aparadores, que estaban a la entrada de la sala, podían verlos todos los que estaban sentados en las mesas"[2].

Un siglo más tarde, en tiempos de Felipe III, Bartholomé Pinheiro, describía el convite ofrecido por el duque a los ingleses en Valladolid, el 7 de junio de 1605. "El banquete se dio en una galería grande, armada de brocados" (alternativa veraniega a los tapices) y se dispusieron tres aparadores guarnecidos en otras tantas habitaciones. El de la primera contenía 400 vasos cuya riqueza destacaba aún más al compartir gradas con la plata ordinaria. El de la segunda mostraba la vajilla de oro y el tercero se reservó, en exclusiva, a piezas de vidrio veneciano y de cristal (de roca) guarnecido en oro". En la galería grande, donde se sirvió la pantagruélica cifra de 2200 platos (cuyo detalle no nos llegó) para 80 personas, "estaban las mesas con servilletas de figuras y el pan cortado en invenciones, y los saleros, con servilletas de varios géneros de flores y animales, y los *antes* [entradas] con flores como en arco, con castillos y labores doradas y plateadas". Incluso las empanadas que se sirvieron más tarde adoptaron las formas de navíos y castillos dorados y plateados[3].

[2] Lalaing, Antoine – Voyage de Philippe Le Beau en Espagne, 1501.F. Hayez, Imprimeur de la Commissión Royale D'histoire, Bruselas. P. 461t/340v.
https://play.google.com/books/reader?id=cG3TAAAAMAAJ

[3] Abad Zardoya. Op. cit.

Tenemos también el testimonio que nos dejó Tomé Pinheiro da Veiga del banquete en honor del embajador de Inglaterra, Lord Nottingham, servido el El 7 de junio de 1605, en Valladolid por el duque de Lerma, Caballerizo mayor de Felipe III:

> Este día dio el duque un banquete esplendidísimo a los ingleses, que se afirma fue de los más notables y de más ostentación que hace mucho tiempo se dio; y para más aparato mandó hacer la comida en unas cocinas fuera de su patio grande y se hizo un pasadizo con cuatro columnas de madera de cada parte, cubiertas de brocados con toldo encima, para que pasaran los manjares por debajo, y la plaza y explanada se adornó toda de muy ricas colgaduras para esta procesión.
>
> Se hicieron tres aparadores en tres habitaciones; uno que cogía toda la pared de alto a bajo, con peldaños en la misma forma y pared frontera para la plata, en que había como 400 vasos, todos de invención hermosísima, a más de la plata ordinaria.
>
> En la otra habitación estaba la vajilla de oro y esmaltes, toda de piezas notables, que ocupaba la mesa y gradas de una pared hasta arriba, cosa admirable de ver; y en la otra había solamente vidrios y cristales engastados en oro, con pies, asas y tapas de oro y labores en toda su extensión, y los vidrios de colores, cosa nobilísima; de manera que no sé qué rey de la cristiandad podía tener más hermosa y rica vajilla. (...) El banquete se dio en una galería grande, armada de brocados, como las demás de las cosas, donde pusieron 24 alacenas por medio de la casa para 80 personas, que comieron a la mesa con el Almirante, y estando con él en la sala muchos señores y títulos y muchas damas y señoras rebozadas, que todos entraron con asaz trabajo.
>
> Estaban las mesas con servilletas de figuras y el pan cortado en invenciones, y los saleros, con servilletas de varios géneros de flores y animales, y los antes con flores como en arco, con castillos y labores doradas y plateadas. Sirvieron a la mesa 24 pajes del Duque, de librea negra para aquel día, cueras blancas y cadenas de oro, y el maestresala, copero y mayordomo y otros criados de igual suerte.

> Estuvieron el rey y la reina viendo todo por una celosía que quedaba frente al extremo de la mesa, escondidos; y se afirma que sirvieron a la mesa 2.200 platos de cocina, y que fue de ver, además, los dulces secos, los frascos de conservas, y sobre todo la invención de empanadas de mil figuras de castillos y navíos, todo dorado y plateado. (...) Concluyo con el banquete, en que había todo género de músicas e instrumentos, mientras duró la comida, que fue hasta cerca de las cuatro (...). (Después) hubo comedia en un jardín del duque, todo entoldado por encima; y las ventanas que van alrededor de los arcos, con vidrieras[4].

La descripción más detallada de un aparador de estas dimensiones se encuentra en la relación que don Andrés de Almansa y Mendoza hizo del segundo banquete organizado por el conde de Monterrey en honor del Príncipe de Gales, el 26 de abril de 1623, en su residencia de la Plaza de Santo Domingo.

> Se levantaron tres aparadores, el mayor de siete gradas, y cinco varas de largo, y en cada grada once piezas grandes de fuentes, aguamaniles, cantaros, copones de Alemania, de plata dorada, grandes en la disposición, mayores en la riqueza, y más excelentes en la labor. En los dos aparadores de cristal y oro, competía con la naturaleza el arte, y no osa la corta luz de mi ingenio ser juez de las competencias. El de plata blanca cendrada de copela, oscurecía al de vidrio Veneciano, no en la estimación de la materia, en los pulimentos del arte en sí. El aparador de Búcaros, era extremo en la materia, extremo en la compostura[5].

Vajilla cotidiana

El conde de Laborde en su libro de exposiciones del Louvre se pregunta ¿en qué medida la vajilla de oro tallada, los jarros de cristal de roca, los platos esmaltados, las botellas y vasijas de mayólica y los curiosos platos del ceramista Bernard Palissy se usaban en la vida privada? Él mismo se responde diciendo que lujo y sencillez no eran dos opuestos, sino dos valores que convi-

[4] Pérez Samper, Op. cit. Pp. 53-98.
[5] Abad Zardoya. Op. cit.

vían en las clases intermedias, aspirantes al lujo pero limitados por la escasez. Así explica el contraste entre aparadores cubiertos de objetos preciosos, las mesas servidas con vajillas adornadas con todo lo que el arte ha tenido imaginado más rico, y el resto del tiempo paredes despojadas de todos los adornos, aparadores vacíos y vajilla de peltre para su uso cotidiano. La vajilla de lujo estaría reservada solo para los días solemnes[6]. Como ejemplo cita Laborde las memorias de la colación dada al rey por el cardenal de Biragues en 1580:

> Había dos mesas largas cubiertas con mil cien a mil doscientas piezas de platos de fayenza, llenas de confitados y grageas de todo tipo, acomodados en forma de castillos, pirámides, andenes y otros modos maravillosos. La mayor parte de la vajilla fue rota y despedazada por los pajes y lacayos de la Corte, que son de naturaleza insolente, lo cual fue una gran pérdida, porque toda la vajilla era sumamente hermosa[7].

Un resabio de ese show-off declinó en las vitrinas-vajilleros que llegaron a usar nuestras abuelas o bisabuelas, donde se veía relucir la porcelana y la cristalería que jamás se usaba para no dañarla, que ni siquiera saldría de sus acomodados estantes, a no ser para desempolvarlos y para repartirlos en herencia a la generación siguiente. La vitrina es la síntesis que conjuga el resguardo de la *credenza* y el exhibicionismo del aparador.

[6] Laborde, Léon de – Notice des émaux, bijoux et objets divers exposés dans les galeries du Musée du Louvre. Partie 2,1853.
https://gallica.bnf.fr/ark:/12148/bpt6k6464476k/f550.item

[7] L'Estoile, Pierre de – Mémoires-journaux: Volume 1, 1875.
https://play.google.com/books/reader?id=-AWSancAayMC

15. TRES MANTELES

Todos los platos que componían cada etapa de un banquete se llevaban a la mesa al unísono, servidos en fuentes de las que cada comensal se servía a su gusto. Aunque la norma general fuese aun en el siglo XVI comer con los dedos, en el momento de llevar la comida desde las fuentes al plato, sí se alentaba el uso de los cubiertos, ya fuera a punta de cuchillo, con cuchara, o incluso con tenedor, que por lo menos para este fin, ya estaba avalado. Lo dice Erasmo de Rotterdam, más conocido como Erasmus, en su obra en *De civilitate morum puerilum de* 1530[1], en la que enseña a los niños cómo comportarse civilizadamente, evitando disgustar al prójimo. Del capítulo V que habla acerca de la conducta en la mesa, se pueden extraer estas frases:

> Es de mala educación mojar los dedos en salsas; que el niño tome el trozo que quiera del plato, ya sea con su cuchillo o con su tenedor.
>
> Si se te ofrece un trozo de pastel, tómalo con la cuchara, pósalo sobre tu plato, y devuelve la cuchara; si este plato es líquido, pruébalo y devuelve la cuchara luego de haberla limpiado con tu servilleta.
>
> Es ridículo despegar la clara de huevo de la cáscara con las uñas o con la ayuda del pulgar; aún más ridículo usar su lengua. Esto se hace con la punta del cuchillo.
>
> Uno no roe los huesos con los dientes, como un perro; deben ser despojados con la ayuda del cuchillo.
>
> Tres dedos metidos en el salero son, como se dice, las armas parlantes de los viles.
>
> Se debe tomar la sal con su cuchillo; si está demasiado lejos, se la pide extendiendo el propio plato.

[1] Rotterdam, Erasmo de – La civilité puérile, I. Liseux, 1877, Paris. https://gallica.bnf.fr/ark:/12148/bpt6k5460953v/f8.item.r=fourchette

Imaginemos el alto tránsito y cruces de manos, brazos, cuchillos, tenedores, cucharas; desde las fuentes al plato, del plato a la boca, de las botellas a las copas, y como resignado soporte de ese movimiento frenético, *el mantel*, que por debajo y como telón de fondo de toda la puesta en escena de la mesa, principiaba su función con blancura inmaculada, para quedar poco después de iniciada la comida en un estado deplorable, abochornado de desechos y suciedades. Sumemos a ese cuadro el hecho de que era lícito limpiarse las manos con el propio mantel, autorizado por el mismísimo Erasmo de Rotterdam: "Lamerse los dedos grasientos o limpiarlos en la propia ropa es indecoroso; es mejor usar el mantel o su servilleta", promulgaba.

Se hacía intolerable continuar la secuencia del servicio en esas condiciones, tanto por repugnancia como por afrenta estética. El mantel ofendido debía ser sustituido, pero tampoco eso era simple, porque tenderlo en forma era tarea que no podía ejecutarse estando los invitados sentados. Para resolverlo recurrieron a una solución imperfecta, pero genial: superponer los manteles, uno sobre otro, de forma que quitando el superior, salvase la situación el impecable lienzo subyacente. Esta yuxtaposición de telas era indicador del rango del anfitrión: si la jerarquía de un restaurante de nuestra era es categorizada por la cantidad de tenedores, en el Cinquecento el banquete era nivelado por la cantidad de manteles superpuestos. Un banquete de dos manteles era un requisito mínimo, tres manteles representaban un gran nivel, y podía incluso haber mayor cantidad. El remedio no era ideal, porque al quitarlo no debían incomodar a quienes estaban sentados, y para salvar ese escollo desarrollaron una técnica que consistía en tirarlo hacia afuera arrastrándolo desde dos extremos, en lo posible por el lado en el que se sentaban los comensales de inferior condición. Esto debía ser ejecutado mediante un movimiento decidido, no carente de sprezzatura, que debía ser veloz, porque si la mesa sucia producía disgusto, el espacio vacío provocaba aversión, entonces se procedía de inmediato a vestir el limpio mantel reseteado con nuevos implementos, adornos y manjares.

Otra dificultad la ocasionaba el peligro de que los líquidos del mantel superior penetrasen hasta los inferiores, estropeándolos incluso antes de ser descubiertos. Esta amenaza fue neutralizada intercalando entre una tela y otra un *corame*, un mantel de finísimo cuero labrado que obraba como capa impermeable entre los paños blancos. El *corame* italiano, en España era llamado *guadamecil* o *guadamecí*, los más preciados de los cuales se confeccionaban en Córdoba, herencia del conocimiento mozárabe. El nombre *cordobán* aplicado a estos trabajos era reconocido en toda Europa.

Tappeto o sobremesa

Por debajo del último mantel, entre este y la mesa, se interponía un *tappeto*, es decir un tapiz que servía tanto para proteger la mesa como para permitir el buen tendido de la tela y por sobre todo amortiguar el ruido producido por los objetos que eran posados encima.

Este tapete subyacente en España era conocido como *sobremesa*; Miguel Yelgo de Bázquez lo menciona, entrado el siglo XVII, como elemento básico en la mesa real de España: "Primero la sobremesa, y luego unos manteles, y luego otros encima, para que alzando la mesa queden los de debajo para dar aguamanos, y puestos los manteles, lo primero pondrá el salero, o saleros, y a un lado el pimentero, y a otro lado el azucarero, y luego empezará a poner servicios"[2].

Antoine de Lalaing, en su crónica del viaje de Felipe y Juana desde Bruselas a Toledo, narra: "Tras varios meses al final los Reyes Católicos le permitieron que un día se sirviese la mesa al modo borgoñón por 10 criados que Felipe había traído de los Países Bajos. Felipe aprovechó esta ocasión para deslumbrar a sus anfitriones. Desplegó en la sala la magnífica colección de tapices flamencos reunida por los duques de Borgoña a lo largo del siglo xv. Según Montigny, los Reyes Católicos fueron muy bien servidos, a la moda de nuestro país. De lo cual el rey y la reina y los grandes señores asistentes hicieron gran estimación, porque todo lo que se hace sin ruido no molesta: que es lo que ellos no saben hacer[3]".

Vaya dardo, acusar a la corte de Castilla de ser ruidosa, sin embargo, esa casa real no podía desconocer el uso de los tapices. Según Carmen Abad Zardoya, "Pedro Gracia Dei, cronista y Rey de Armas de los Reyes Católicos, ya

[2] YELGO. P. 160t/304v.

[3] Martínez Millán, José – La Corte de Carlos V. Introducción, por Antonio Álvarez-Ossorio Alvariño. Sociedad Estatal para la Conmemoración de los Centenarios de Felipe II y Carlos V, 2000, España. https://repositorio.uam.es/bitstream/handle/10486/742/20168_1INTRODUCCION.pdf?sequence=27&isAllowed=y

había propuesto utilizar un paño de *vellotado* –terciopelo labrado– a tal efecto. Pero la costumbre más extendida, al menos la que podemos deducir a partir de fuentes iconográficas, fue emplear *alhombras* –alfombras– en su lugar". En Castilla, por lo tanto no seguían la tradición del tapiz flamenco, sino la que habían dejado en herencia los árabes[4].

Un gran ruido debía ser producido igualmente por la brusquedad de los pajes al maniobrar los platos, y no solo en España. Vimos en el capítulo anterior cómo los sirvientes del Cardenal de Birague destruyeron su valiosa mayólica por torpeza; se entiende que al posar los objetos sobre la mesa, debían manipularlos con la misma tosquedad, quizás por la costumbre de usar sobre todo vajilla de metal. Rossetti hizo alusión a esta cuestión al decir: "se acumulen los platos uno sobre el otro delicadamente, que además del ruido que ello hace, se arruina muchas veces la platería"[5].

Esta cobertura de mesa es la que en Italia es el origen del moderno *mollettone* (muletón, en español) de uso vigente, que demuestra ser un implemento eficaz para revestir las mesas, cumpliendo hoy con las mismas funciones que efectuaba entonces. Se consiguen en el comercio de blanquería de mesa de toda Italia; vienen confeccionados en distintas formas y tamaños, ajustables mediante elásticos, impermeables y mullidos en su justo punto. El efecto del mantel sobre extendido sobre el muletón no se compara al que es tendido sobre la mesa desnuda.

Las telas

> Aquí fue dada el agua perfumada a las manos, y quitado en un instante el mantel, quedó otro con triunfos de armas de los eminentísimos invitados diseñadas con oro, donde se pusieron otros cubiertos con servilletas perfumadísimas.
>
> –Giovanni Francesco Vasselli[6]

[4] Abad Zardoya, Op. cit. *(Gracia Dei, ca. 1486, "la sobremesa de un uellotado, cubierta de uerde con piedras sin duelo, dos manteles dobles que llegan al suelo").*

[5] ROSSETTI. P. 44.

[6] Vasselli, Giovanni Francesco – L'Apicio, overo il Maestro de'Conviti, 1647. Bologna. P. 14t/XXXVIv.
https://play.google.com/books/reader?id=oPpmAAAAcAAJ

Si las finas telas que cubrían las mesas eran invariablemente blancas, se destacaban en sus texturas, con variedades en las tramas, como el damascado, el labrado de figuras, o también con bordados y franjas, sobre todo en dorado y plateado. Vincenzo Cervio en el banquete de Castel Sant'Angelo (Roma, 1593) ofrecido a los hijos del duque de Baviera describe así el mantel: "en la sala grande fue puesta la mesa con capacidad para 25 personajes con un terciopelo carmesí con franjas de oro alrededor, luego con dos manteles damascados plegados maravillosamente"[7]. El terciopelo oficiaba como tapete y sobre él se tendían los dos manteles, uno encima de otro. En cuanto a los pliegues, fueron otro valioso recurso para variar y jerarquizar la puesta y muestra de los manteles, sin romper con el blanco. "Quitada finalmente la fruta, con el primer mantel, se descubrió otro doblado a cuadritos, dentro del cual había con dobladuras doradas, todos los triunfos de las armas de los príncipes invitados, árboles de robles cabelludos, águilas, leones y dameros de arma pica, cada cosa bordeada de oro, hasta el suelo, que era admirable de ver", narra Vasselli[8].

[7] CERVIO. P. 123.
[8] Vasselli, Op. cit.
https://play.google.com/books/reader?id=oPpmAAAAcAAJ&pg=GBS.PA80&hl=es_419

16. SERVILLETA

Está claro que ni las servilletas de algodón, ni las de papel de los restaurantes son ya hoy tan sustentables, aunque sus materiales se reciclen. No sería entonces tan mala idea volver a la *mappa* de los Antiguos Romanos, un lienzo grande que nuestros lejanos antepasados llevaban consigo a los banquetes y que les servía tanto para proteger sus atuendos como para limpiar las manos y al final de la comilona, haciendo con la tela un hoyo, depositaban los restos de comida y se los llevaban a casa, a modo de *doggy-bag*. Puedo imaginar una moda en la que cada cual extrae de su propia cartera o bolsillo su servilleta-repasador personal al sentarse a la mesa, quizás en composé con la indumentaria. Las presumo hechas en materiales tecnológicos, absorbentes, las veo livianas, comprimibles, estampadas en colores, y por qué no, como una amenidad ofrecida por el restaurante: "llévatela a tu casa, tráela para volver a usar cuando pronto regreses", ¿sería muy mala publicidad? Un poco largo, tal vez.

Justamente porque la servilleta es compañera del ser humano desde muy antiguo, si Google solemnemente nos dice que su creador fue Leonardo Da Vinci, no le debemos conceder demasiado crédito, que su supuesto *Código Romanoff*, donde constaría este dato, es un falso, no existe. El ingenio de Leonardo dio lugar a invenciones desde las más geniales a muchas elementales; entre todas ellas, se evite sumar a la servilleta, que ya existía abundantemente cuando Leonardo nació. Tampoco vayamos a creer en la graciosa fábula, que con sorprendente éxito hizo circular algún pícaro en la web, donde se relata que la servilleta es una creación de un tal "*Jaques de Serviliet*" (sic, y Jacques escrito sin "c"). Pasada la Revolución Francesa, este duque habría abierto su propio restaurante, donde envolvía los cubiertos con una tela para ayudar a los comensales a limpiarse las manos dando vida así a una costumbre que se mantendría durante siglos y llevaría su nombre, y consagrando el nacimiento moderno de la servilleta, tal y como la conocemos y la seguimos utilizando hoy en día...

De sus nombres y demás vericuetos etimológicos

El termino *servilleta* proviene del francés, *serviette*, que provendría del latín *servare*, guardar o cuidar, es decir que comparte el mismo origen conceptual que la palabra *cubierto*, porque para cubrir servían, incluso más que para limpiar. La palabra italiana que la traduce hoy es *tovagliolo*, que comparte la misma etimología que en español *toalla* (en cuyos germánicos laberintos etimológicos me permito abstenerme de entrar), pero por ejemplo en el napolitano perdura el término *salvietta*, que vendría de *sarvietta*, o de *salva*, remitiendo igualmente al mismo origen que *serviette.*

En castellano tuvo otras denominaciones. En los siglos XIV y XV en los reinos hispánicos ya se distinguían las que servían para limpiarse la boca, que se llamaban *torcaboques*, de las que se usaban para limpiar los cuchillos, *torcacoltells* y las toallas que servían para secarse después del aguamanos que iniciaba la comida[1]. En Arte Cisoria de Enrique de Villena del siglo XV, las reiteradas referencias a la servilleta aparecen bajo el elemental nombre de *paño.*

> Cuando viere que es presto para el Rey asentarse à la mesa, vaya al lugar donde tienen la plata los Reposteros aparejada, y la Arqueta susodicha suya por él ya traída, ábrala y ponga en un Bacín de plata los paños para limpiar los cuchillos de lienzo un poco vasto, porque su espesura mejor lleve consigo, y limpie la inmundicia del cuchillo, y sean dos, o tres de manera que abunde; sobre estos ponga los paños delgados, para limpiar la boca y las manos del Rey al comer, y sean media docena, porque el uno habiendo servido le dé el otro la inmundicia de limpiaduras que en él carguen, y muchas parezcan; mejor que haya abundancia de tales paños y sobre todo un paño delgado, labrado,

[1] García Marsilla, Juan Vicente. Op. cit.
Agrego: probablemente deriven del latín *facitergium, manutergium.*

que lo cubra, y déjelo así en guarda del Repostero, que sea tal persona de quien lo pueda fiar[2].

Para cuando escribió Yelgo de Bázquez, la mantelería contaba con terminología amplia y bien específica. "Y el repostero de ropa blanca tiene cuidado de toda la ropa del servicio de la mesa del señor, como son manteles, servilletas, toallas, limpiezas, que por otro nombre se dicen, bavadores, y la diferencia que hay de bavadores a limpiezas, es, servirles a niños por las babas, y a los señores por la limpieza, y así se debe llamar limpieza"[3]. Menciona, además, el uso del paño al hombro higiénico que deben usar los pajes y llama a aquello *toalla*:

> El Maestresala ha de tener siempre una toalla en el hombro izquierdo, con un paño al hombro, como modo de toalla, prendido con un alfiler al cuello, y tendrá los platos en el paño, porque es grosería tenerlos en las manos; algunos Maestresalas ponen los platos justo adonde trincha, y no es policia [limpieza], sino esté a manos, alado el paño por las dos puntas, teniéndolos en él.

Guardanappo

En los vocabularios italianos aparece el término *guardanappo*, forma que quedó plasmada en la palabra portuguesa *guardanapo*, que significa "servilleta". Los portugueses suelen buscar la etimología en el francés *nappe* (mantel), cuando en realidad la palabra aparece por lo menos en la obra de Eustachio Celebrino de 1520[4], y donde *nappo* es un aguamanil o una taza o vaso (ej. mise

[2] VILLENA. P. 54.

[3] YELGO. P. 161t/303v.

[4] La obra de Celebrino es *Opera nova {...} intitulata Refettorio.* En: Scopel, Marina – Panorami conviviali dello Studio di Padova nel XV secolo, Appunti di gastronomía 53, (2007). P. 13.
https://www.academia.edu/44342005/Panorami_conviviali_dello_Studio_di_Padova_nel_XV_secolo_Appunti_di_gastronomia_53_2007_pp_5_24
Al respecto véase también:
Vocabolario degli Accademici della Crusca, Tomo Secondo. Iacopo Sarzina, Venecia, 1623. *Gvardanapo* https://play.google.com/books/reader?id=hMoaLFOI-sMC
Nappo https://play.google.com/books/reader?id=hMoaLFOI-sMC

veleno in un nappo con vino, "puso veneno en un vaso con vino", dice el Boccaccio), entonces, en ese contexto, *guardanappo* venía a ser una tela que servía para cubrir la vajilla con el propósito de protegerla contra ponzoñas, pero más que nada este término se usaba para designar una servilleta perimetral que se colocaba alrededor del mantel, o atravesándolo, para proteger a este de manchas, es decir, para que los comensales más bien se limpien con esta tela superpuesta antes que con el mantel real (y no es que no hubiera servilletas, pero era costumbre general limpiarse boca y manos con el mantel). El texto de Celebrino dice: "Sobre el tapiz damascado se debe extender un mantel de lino blanco que casi llegue al piso, en el centro se extiende un *guardanapoli* [*guardanappo*], es decir, un pequeño mantel, y de nuevo un mantel un poco más corto que el anterior con un segundo *guardanapoli* atravesándolo longitudinalmente, que puede ser sustituido por servilletas individuales para limpiarse la boca y las manos". Ahora bien, yendo a la palabra francesa *nappe*, "mantel", tendría otro origen: según Du Cange y Littré derivaría de la "mappa" romana[5]. Del mismo origen proviene la inglesa *napkin.*

Mantile

El mantel en italiano hoy se llama *tovaglia*, pero en los siglos pasados solía ser también llamado *mantile*, similar al español, *mantel.* Este vocablo aparece en el pasado tanto como sinónimo de *tovaglia*, así como un lienzo probablemente algo más pequeño que el mantel, tal vez un paño cuyas cuatro puntas se colocan en cruz sobre el mantel principal. Como dos elementos distintos, *tovaglia* y *mantile* aparecen ya en Bartolomeo Scappi, pero esta diferencia se advierte más netamente en los inventarios de ajuares y herencias, donde se constata que el valor del *mantile* es inferior que el de la *tovaglia.*

Cambio de servilletas

"El día siguiente al Domingo de Carnaval, el Condestable los obsequió, y es su servicio el más limpio que he visto, porque tienen un escudero que trincha sobre la mesa, cerca de la otra mesa y lo trae en escudilla de plata, y a

[5] https://www.littre.org/definition/nappe

cada uno la suya y por dos o tres veces en la comida y en la cena, que duran alrededor de tres horas cambian las servilletas". Esto sucedía en Burgos durante el viaje de Felipe el Hermoso y Juana de Bruselas a España y nos llega a través del relato del cronista Antoine de Lalaing[6].

Así como los cambios de manteles indicaban la jerarquía de un servicio, lo mismo valía para la sustitución continua de las servilletas, sin embargo, estos cambios debían contar con la contrapartida de un banquete que estuviese a la altura, caso contrario, el efecto podía resultar contraproducente, porque el invitado podía ilusionarse con una comida superior o de más servicios de los que le serían servidos. Lo deja advertido Antonio Frugoli: "La ceremonia de sustitución de servilletas se debe hacer solo en los grandes Banquetes, porque al hacerlo para una comida ordinaria, el invitado tiene la impresión de que se lo está banqueteando, pero luego se le termina dando tan solo una simple comida"[7].

Esculturas de tela

La obsesión por el ornamento fue tornándose barroco, al punto que no parecía encontrar saciedad suficiente a la hora de engalanar una puesta de banquete, a tal extremo que hasta la natural llaneza de las servilletas y la de los propios manteles se volvió insoportable. Era menester sortear ese escollo de "bidimensionalidad" y lo lograron a fuerza de pliegues. Los paños almidonados se fueron doblando hábilmente, adquiriendo relieves y adoptando las formas más caprichosas e imposibles. Romoli menciona la técnica del plegado como algo novedoso hacia 1560:

> Yo me asombro extremamente de como hoy se afinó la idoneidad y hermosura de esos *credenzieri* [quienes tenían a cargo la *credenza*], que en mis tiempos no tenían esta perfección de galanterías que usan ahora (...), con los dobleces admirables de los manteles y servilletas, haciendo con ellas las formas que quieren, y particularmente debo mencionar a

[6] Porras Gil, María Concepción – Entradas, fiestas y ademanes de la Castilla del s. XVI, 2011 https://dialnet.unirioja.es/servlet/articulo?codigo=4209747
[7] FRUGOLI. P. 429.

nuestro *credenziere* Nicolo Molino, quien, sin menoscabar a los otros, en Roma no hay alguien más competente[8].

Manteles cuadriculados

No era posible esculpir los manteles, tal como podían jugar con las servilletas, pero la norma fue marcarlos con dobleces en cuadrículas de distintos tipos, "poniendo la mesa de modo que cómodamente se pueda servir de cada lado, cubierta con un bellísimo tapete que contorneando toque el suelo, y este exquisito *credenziere*, la tenderá con el primer mantel perfumado doblado a cuadritos comunes, tan corto que deje descubierto el tapete desde el suelo dos dedos, todo alrededor, y sobre el mantel desplegará otro con todas las formas que a él le plazcan, dejando descubierto el mantel inferior en cuatro dedos"[9]. Es decir que los manteles superpuestos llevaban cada uno su particular doblez, dejando asomar por los costados a aquellos que estaban por debajo. Por su parte, la servilleta que servía para limpiarse la boca debía permanecer lisa, sin dobleces:

> Aquí pondrán primero cuatro saleros nobles y debiendo ponerse el pan, no querría que se limitasen ciertos mal diestros que por mostrar lo que saben, ponen servilletas dobladas en tantos modos, debiendo servir para las bocas de tantos nobilísimos prelados, pero para este primer servicio, **deben estar dobladas del modo ordinario**, y cuando el pan, roscas y cuchillo [todavía no el tenedor necesariamente] estarán en el plato, esta [servilleta] se apoyará encima y como cubierto de este servicio, otra de estas haya, y cuando el *credenziere* habrá provisto todas las cosas necesarias, no le falte poner por encima un hermosísimo perfumero con suave fragancia[10].

Este concepto es recalcado por Rossetti: "Cuando se hacen dobleces para banquetes o tiendas de campaña, ponga bajo el doblez una servilleta para la

[8] PANUNTO. P. 6t/7v.
[9] PANUNTO. P. 9t/13v.
[10] PANUNTO. P. 9t/13v.

boca, para mayor limpieza, porque el doblez no es nunca muy limpio"[11]. La locura barroca se topaba contra una frontera insoslayable, la de la dignidad. El relieve servía a la vista, pero no para el sentido práctico de la limpieza.

Antonio Frugoli, hacia mediados del *Seicento*, parece harto de tanto rococó y se engaña en la ilusión de que esa extravagante moda llegase a su fin: "Con respecto a las distintas blanquerías, atención a que las lavanderas no las dañen al plegarlas en distintos modos, aunque estas usanzas se estén dejando de lado"[12]. Pero la de Frugoli terminó siendo sólo una expresión de deseo, porque los dobleces, lejos de mermar, se multiplicaron hasta el éxtasis que describió Vasselli en 1647:

> Estaba la mesa cubierta por un mantel sutilmente doblado, y los cubiertos de los Príncipes cubiertos por labores hechos a fuerza de dobleces, que representaban los blasones de cada uno de ellos, todas contorneadas de oro, que lucían admirablemente. Los otros cubiertos estaban ornados con follajes caprichosos y sutiles, y sobre la mesa había dos árboles, con sus frutos naturales, todos de batista delicadamente doblada, que pasaban a formar las armas del Sr. Duque de Ceri. En el centro había un arco florido de dobleces, con festones hechos con artificio admirable, en medio del cual pendía un arco de azúcar, que por una parte representaba el arma del Sr. Duque, unida al de la Señora Princesa su esposa, y del otro mostraba las del Sr. Príncipe de la Mirandola, cada cosa ornada en oro en su debida proporción[13].

El furor cundió por toda Europa. Yelgo de Bázquez (1614) dice que "ha de ser muy limpio el Repostero de ropa blanca, que siempre que pusiere la mesa, ponga ropa limpia, como son manteles, servilletas, y tovallas, y limpieças, y ha de tener una prensa (...), donde después de doblados los manteles, se o aprensen, y hagan labor"[14]. Tampoco las mesas de La Varenne escaparon del furor de ese hechizo. En *Le vrai cuisinier françois* enseña cómo doblar las

[11] ROSSETTI. P. 28.
[12] FRUGOLI. P. 5.
[13] Vasselli, Op. cit. P. 79t/62v.
[14] YELGO. P. 160t/305v.

servilletas con forma de gallo, de perro, de melón, de gallina con sus pollitos, de liebre, perdiz, etc.[15].

Trattato delle piegature, 1639

En las pinturas del siglo XVII es dable encontrar diseños de manteles con minuciosos pliegues verticales y horizontales cruzados ortogonalmente, generando retículas de cuadrados o rectángulos apaisados, como puede apreciarse en las últimas cenas del artista Vicente Carducho. Es más difícil encontrar representaciones gráficas de las servilletas plisadas; incluso las indicaciones de plisados de La Varenne carecen de dibujos, pero hubo quien se ocupó de transmitir la técnica y la memoria visual de este saber: fue el bávaro Matthias Jäger, trinchante de la representación de la Nación Alemana en Padua, quien bajo el nombre italianizado de Mattia Giegher, publicó en Italia tres tratados, uno de ellos dedicado a los plisados, con maravillosas láminas que ilustran de las creaciones en tela. La publicación de Giegher está disponible online a través de la biblioteca virtual y gratuita de gallica. fr[16].

Joan Sallas, la reencarnación de Mattia Giegher

En medio de las conmemoraciones de la Expo 2015 de Milán, se intentó recrear una mesa de banquete de Michelangelo Buonarroti. El Michelangelo en cuestión no era el genial artista que conocemos, sino su sobrino, a quien no tuvieron mejor idea que hacerle cargar con el peso del nombre de su tío ilustre. No debe haber sido fácil llamarse Michelangelo Buonarroti sin ser el Maestro, pero este buen sobrino y en la medida de sus posibilidades, no solo honró a su familia siendo académico y poeta, sino que se ocupó de preservar el patrimonio de su ilustrísimo antepasado, embelleciendo la casa de Via Ghibellina y exaltando el arte sin pares de su ilustre tío.

A Michelangelo Buonarroti, *il Giovane*, fue encomendada la organización y puesta en escena de una boda deslumbrante: la de María de Medici y Enri-

[15] La Varenne, François Pierre de – Le vrai cuisinier françois, 1698 – Brusselles. P. 362t/364v. https://play.google.com/books/reader?id=J1NAAAAAcAAJ

[16] Giegher, Mattia – Li Tre trattati di Messer Mattia Giegher, 1639. https://gallica.bnf.fr/ark:/12148/bpt6k3101729/f5.item

que IV de Navarra, rey de Francia, que se celebró el 5 de octubre de 1600 en Palazzo Vecchio. La completa redacción del evento fue publicada[17]. Buonarroti tuvo que idear no solo una escenografía extraordinaria, sino además atuendos, máscaras, coreografías, juegos, ejecuciones musicales con danza y con representaciones teatrales, amén del majestuoso banquete. Las creaciones concebidas para esa celebración parecían destinadas a perdurar por siempre, pero no eran más que arte efímera. Entre estas manifestaciones se destacan las esculturas en tela y las de azúcar.

La reproducción de las labores en tela de la reproducción contemporánea para la Expo fue el punto central de esta puesta y estuvo a cargo del artista Joan Sallas. Joan Sallas encendió su pasión a partir de la técnica de la papiroflexia, lo que conocemos como origami, pero cuando descubrió el arte de plegar servilletas, a través de los dibujos de Mattia Giegher, se dedicó plenamente a él, reproduciendo los diseños en tela como entonces, como si el espíritu de Giegher hubiese reencarnado en el presente. Gracias al arte de Sallas, la magia de la mesa de Michelangelo Buonarroti fue recreada para nuestro asombro visual.

Las obras reflejan una concepción tridimensional que parece corresponder a un tiempo que fue, y sin embargo recrean una estética absolutamente compatible con una visión moderna. A través de videos de YouTube puede apreciarse su obra y su asombrosa técnica[18]. El artista afirma que los *credenzieri* no hicieron sino adaptar a su oficio técnicas sartoriales preexistentes que el investigador ha identificado en la representación pictórica de prendas de vestir, como el cuello de *pieghe tonde* que luce Lucrecia Panciatichi en un retrato del Bronzino[19].

[17] Buonarroti, Michelangelo – Descrizione delle felicissime nozze… della Cristianissima Maestà di Madama María Medici, Regina di Francia e di Nauarra, Giorgio Marescotti, Firenze, 1600.
https://play.google.com/books/reader?id=hDZoAAAAcAAJ

[18] Videos de Joan Sallas
https://www.youtube.com/watch?v=PlIS0UMhI6I
https://www.youtube.com/watch?v=SbYKTQqbIqU

[19] Abad Zardoya, Op. cit.

17. AZÚCAR, EL DÉSPOTA TRANSFORMISTA

Europa llegó rezagada a los juegos del azúcar. Mientras en el siglo XIII en Bagdad y en Damasco se solazaban en las más variadas piruetas culinarias que aprendieron a extraer de materia alquímica, y cuando dominaban hasta el último detalle cada uno de sus grados de cocción y toda la gama de posibilidades que su versatilidad regalaba, en el Viejo Continente, aquellos pocos que ya lo habían descubierto, lo manipulaban con parsimonia.

Según los dictados médicos reinantes, el azúcar había venido siendo usado desde los siglos pasados como inigualable excipiente en la confección de grajeas, disimulando con sus envolturas la ingesta de sustancias médicas no demasiado gratas al paladar. Era, por lo tanto, elemento de farmacopea; era también –y cada vez más– sustancia preciosa de los especieros, de precio elevadísimo (llegó a costar cincuenta veces más que la miel), que administraban de la misma forma en que dispensaban la pimienta o el azafrán.

El azúcar, como ingrediente de las recetas de los primeros libros de cocina que llegaban desde el Mundo Árabe, podía ser reemplazado por otros edulcorantes, o pasado por alto. Pero los textos culinarios que iban llegando a Europa se hacían cada vez más sofisticados, planteando desafíos siempre mayores. Si en las primitivas recetas se sustituía bien o mal azúcar con miel, cuando se editó el Anónimo Andaluz en el siglo XV, las recetas complejas no admitían sucedáneo alguno; se hacía imperativo contar con ese oro blanco, a cualquier costo.

Ese deseo impulsó cambios en su producción; poco a poco comenzó a refinarse tanto en Málaga como en Sicilia. En Italia, Génova y Venecia se pusieron a la cabeza de su comercio fabuloso; un negocio pingüísimo que los enfrentaba ferozmente. Aunque los precios seguían siendo inauditos[1], la oferta aumentó y así el azúcar comenzó a fluir.

[1] Aún en tiempos de Messisbugo seguía siendo carísimo, por eso él consuela al lector de menor rango diciéndole que se puede "usar un tercio de azúcar y especias, salvo en aquellas recetas blancas

Dos de las cinco partes que componen un manuscrito anónimo redactado en España (de posible origen aragonés) en el siglo XV, llamado *Vergel de Señores*[2] están completamente dedicadas a esta substancia. Las otras tres partes versan en cosmética. Esa mezcla de materias, aparentemente incongruente, era lógica en un tiempo en el que –como dijimos– el azúcar estaba ligado con la farmacia, lo mismo que las sustancias y recetas de cosmética, por lo tanto cosmética y confitería eran tópicos que se entrelazaban armónicamente[3].

En *Vergel de Señores* se enseñan puntos de cocción, clarificación, aromatización de almíbares y jarabes, conservas y electuarios, se dice cómo hacer azúcar candi –o perlado–, alfeñiques, confitados de especias y de frutas secas, pasta real, mazapán (con su correspondiente modelado), *manuschristi* (especie de bombones), cómo colorear, cómo dorar o platear, cómo dar lustre o "vidriado" de azúcar; se explican técnicas de panizado y blanqueado, cómo hacer turrones blancos, negros, y sus derivados como piñonadas o nuégados. También indica cómo elaborar *alajú*, antepasado de los alfajores, rosquillas y hasta pólvora duque (mezcla de especias mencionada en el *Libro de guisados* de Ruperto de Nola), almidón, suplicaciones, obleas, hipocrás, clarea, vinagres, gelatinas, etc. Asimismo se exalta la importancia de los colores en las presentaciones culinarias, colores aportados por el oro, la plata, el azafrán, sándalo bermejo, lirio cárdeno, moras, flores de violeta y de borraja, etc.

---

donde la oscuridad de la miel podría mancharlas".

[2] Simón Palmer, María del Carmen – La dulcería en la Biblioteca Nacional de España.

En: La cocina en su tinta, págs. 63-81 – Biblioteca Nacional, 2010 (coord. por Ferrán Adrià, Acosta, I, Moyano, A y Simón Palmer, M.). Consejo Nacional de Investigaciones Científicas, Biblioteca Nacional de España. http://www.bne.es/es/Micrositios/Exposiciones/Cocina/documentos/cocina_estudios_2.pdf

Anónimo, Vergel de Señores – s. XV. http://bdh-rd.bne.es/viewer.vm?id=0000060527&page=1

[3] Por mucho tiempo más el azúcar siguió siendo materia de botica. El más célebre vaticinador de la Historia, Nostradamus, era médico y también boticario, y como tal escribió un libro cuyo contenido se resume en su extenso título: *Excelente y muy útil folleto necesario para quienes deseen tener conocimiento de varias recetas exquisitas, dividido en dos partes. El primero trata sobre varias formas de maquillaje y aromas para iluminar y embellecer el rostro. La segunda nos muestra la manera de hacer mermeladas de varias clases, así de miel, como de azúcar, y de vino cocido, todo puesto por capítulos, como se hace amplia mención en la tabla. Recientemente compuesto por Maestre Michel de Nostredame de la ciudad de Salon de Craux en Provenza, y sacada a la luz.* Se trataba de un *libro de secretos*, género literario best seller del s. XVI, que, lo mismo que *Vergel*, sin conflicto alguno y según la coherencia de ese momento, compendiaba tanto secretos de belleza y como recetas de medicamentos y de confitería. Afortunadamente puede leerse en línea, gratuitamente, en la plataforma Gallica de la Biblioteca Nacional de Francia; Nostradamus, Michel – Excellent & moult utile opuscule: https://gallica.bnf.fr/ark:/12148/bpt6k15202241

El escrito nos ofrece una muestra cabal de la locura que representó para esa sociedad el descubrimiento de las transformaciones y potencialidades del azúcar. Fascinaba su cualidad de revelarse asombrosamente versátil, enloqueciendo a quienes se lanzaban a experimentar con ellas. El conocimiento de su manipulación fue excediendo el ámbito medicinal. El arte del confitero no tardó en entrar en conflicto con el del boticario: la confitería presionaba porque era ineludible su hora de desarrollarse por cuenta propia, y con tal impulso que ciudad por ciudad fueron venciendo una tras otra la pulseada contra los boticarios, hasta que el oficio terminó por independizarse y escudarse en poderosas cofradías[4].

No es difícil imaginar a esos primeros experimentadores con la obsesión y el entusiasmo de un Willy Wonka. Ortelius dijo en 1572: "el azúcar solo se podía encontrar en las tiendas de los boticarios, que lo guardaban exclusivamente para los enfermos, pero ahora la gente lo come glotona (...). Lo que antes servía de medicina ahora sirve como alimento".

Con sus nuevas conquistas geográficas de Madeira primero y América pronto después, definitivamente Portugal y España se volvieron potencias hegemónicas, dejando rezagadas a las repúblicas italianas, sobre todo a Venecia, para la que el cierre de ingreso a Oriente resultó a la larga fatal. Helos aquí. España y Portugal, que se encontraron de pronto no solo con la posibilidad de expandir y dominar el cultivo de la caña de azúcar, sino que las tierras colonizadas se revelaban fabulosamente perfectas para ese fin, a costa de mano de obra esclava, desde luego. Se disponía ahora de cantidades de azúcar inauditas, con una potencialidad para el desarrollo de las artes dulceras que no veían horizontes.

[4] En definitiva, el boticario era el primer manipulador no sólo del azúcar, sino de todas las demás especias. La tarea del *speziale* –así era llamado el especiero en Italia– estaba íntimamente ligada con la apoteca, porque las especias no eran solamente un símbolo de status, sino que principalmente curaban y prevenían enfermedades. La dietética hipocrática se ligaba íntimamente con su uso y su aplicación en la alimentación, lo mismo que las especias, de las cuales hasta poco tiempo antes, el azúcar había formado parte. Las especias, mucho más que ingredientes de cocina, eran suplementos dietarios imprescindibles para la integridad física. La búsqueda de las rutas ligadas a ellas podría entenderse como un avant-première de las guerras frías de los laboratorios de hoy en día. No olvidemos, además, que la cocina era todavía de contrastes agridulces, de alta utilización de los ácidos, para los cuales los edulcorantes significaban el contrapeso perfecto.

Las confiterías española y portuguesa (sobre todo esta última), vieron una evolución particular en sus conventos, los cuales, para cuando les llegó la posibilidad de manipular grandes cantidades de azúcar, tenían ya a las espaldas una dilatada experiencia apícola. "Es rara la orden religiosa que no haya conservado en sus archivos privados o en las alacenas de sus cocinas las metódicas reglas consuetudinarias de una peculiar confección tradicional de dulcería, singularmente en los cenobios de monjas. Los platos monjiles (*confits de monges*) ofrecen, en efecto, una variedad tan copiosa como lo es la diversidad de monasterios dispersos por nuestras comarcas"[5].

El azúcar se fue convirtiendo en tal fiebre que se impuso sobre la mesa de forma despótica, omnipresente en todos los pasos de la comida, y desde luego con presencia absoluta en los postres. Amén de que en ese momento desembarcaba en Europa la triada café-té-chocolate, lo cual vino a aumentar exponencialmente el ya indiscriminado consumo azucarero. Pero además, amparado en esa cualidad tenaz de extrema versatilidad, se lo comenzó a usar para crear efectos escenográficos en las mesas.

Triunfos de mesa

El afán humanista por regresar a los clásicos, abarcó todos los aspectos de la vida; ni siquiera el banquete quedó ajeno a ese furor. En esa sintonía surgieron los llamados *trionfi da tavola*, vale decir "triunfos de mesa", que eran realizaciones escultóricas efímeras fraguadas para cada evento de un cierto tenor, y que representaban, sobre todo, alegorías de temas mitológicos, pero también relatos de combates y exaltaciones de los blasones de las casas anfitrionas y visitantes. Estas ostentaciones eran ideadas para ser exhibidas no solo sobre las mesas, sino también en torno a ella; verdaderos aparatos de arquitectura y decoración esporádicos, cuyo fin último era el de sorprender, dejar traslucir el efecto del poder a través del asombro[6].

[5] Sobre la dulcería conventual, véase: 1400? Libre de totes maneres de confits – anónimo Lluís Faraudo de Saint-Germain (hacia 1950 ó antes). https://www.raco.cat/index.php/BoletinRABL/article/view/199074/269727

[6] El impacto visual era y es un aspecto muy importante en Italia: el pensador Philippe Daverio sostenía que para el pueblo italiano la imagen es históricamente más importante que la palabra escrita, que el influjo de la Iglesia –al no fomentar la lectura de los textos sagrados a los legos–, indujo una

Esas creaciones nacieron a partir del momento en el que, habiendo descubierto todos los secretos del azúcar, no podían dejar escapar la preciosa materia versátil sin esculpirla. Los árabes ya lo habían venido haciendo desde siglos atrás elaborando figurillas, pero los italianos las convirtieron en estatuas, de tamaños mucho más grandes. La materia prima base partía de una mezcla de azúcar con clara de huevo y goma arábica, pero una vez que dominaron la técnica y se entusiasmaron, ninguna sustancia comestible susceptible de ser modelada logró escapar de esa eufórica manía: mazapanes y otras masas de almendra y azúcar, gelatinas, dulce de membrillo, frutas y verduras glaseadas, manjares blancos, manteca, pasteles de masa… todas esos ingredientes plásticos, rematados en color y en oro y plata, adquirían formas tales que servían para representar un orquestado relato visual.

Las mesas de Cristoforo de Messisbugo aparecían decoradas con estatuas del valiosísimo azúcar, pero la preciada materia era todavía tan cara e inaccesible que solo los poderosos podían hacer uso a gran escala. Poco después, ya nadie se preocupó por su precio. Siendo cada vez más abundante y requerido, asumió una escalada sin fin, provocando una fiebre irrefrenable.

Cuando Enrique III de Francia fue recibido en el Arsenal de Venecia, en 1574, cada objeto, desde los platos a los cuchillos, las servilletas, el pan, el mantel habían sido reproducidos en azúcar, provocando la sorpresa del príncipe, quien quedó estupefacto, sin poder distinguir fantasía de realidad. De igual forma, en el banquete realizado en Florencia para la boda de Cosme de Medici con María Magdalena de Austria, el 19 de octubre de 1608, se realizó un aparador magistral de piezas de azúcar, de aspecto tan real, que los espectadores quedaron maravillados[7].

Banquete de Don Alfonfo de Este y Bárbara de Austria

Alfonso II de Ferrara, en su desesperada búsqueda de descendientes que lo sucedieran, contrajo segundas nupcias con Bárbara de Austria en diciembre de 1565. Así fue la puesta para la ocasión, relatada por Rossetti.

---

tal prolífica catequesis gráfica, –a través de la pintura, de la escultura, de la mismísima arquitectura–, de la cual Italia hoy, según Daverio, sigue siendo cautiva.

[7] Lancellotti, Vittorio – Lo Scalco Prattico, Francesco Corbelletti, Roma 1627. P.233. https://play.google.com/books/reader?id=A9BZAAAAcAAJ

Banquete hecho por el Excelentísimo Señor Don Alfonso de Este para las bodas de la Serenísima Duquesa Bárbara de Austria, Duquesa de Ferrara, de noche, a doce platos que fueron quince en total.

Se pintó todo el cielo [raso] de la sala con ondas de mar, y estaba servida la mesa a tres manteles, y más un sobremantel, que no caía a los costados, que se quitó cuando se quitó el servicio frío sin incomodar a nadie. Estaba este sobremantel todo labrado de finísimas coberturas de paño, como ondas de mar, con varios monstruos encima, y sobre cada servilleta, había una cobertura de otra servilleta doblada en forma de varios peces con escamas sutiles de plata en varios colores marmóreos. Dichas servilletas, al ser quitadas, dejaban entrever la servilleta de abajo, limpia y blanquísima. Eran los saleros pequeños unos monstruitos de mar, que tenían sal, pimienta, canela y azúcar.

Estaba iluminada esta sala por monstruos marinos que estaban prendidos del ático en todo el contorno de la mesa, y era como si hicieran un triunfo de Neptuno; algunos con mazas, otros con otras cosas, que todas eran antorchas que alumbraban la sala toda, así como la mesa. Estaba luego la banda, lado de la mesa del cual se sentaban los Príncipes, que llevaba tres platos. Y como era ella más eminente que la otra, aparentaba estar sobre una escollera bellísima. En uno de los escollos de un extremo había en una gruta toda forrada de ormesí turquesa y escamas de oro. Las bebidas de sus Altezas se sirvieron en [vajilla de] mayólica y toda esta se hizo hacer para la ocasión en Fayenza. Eran todas conchillas y cascarones de mar en los que se llevó dentro la comida; así las fuentes representaban vieiras, y cosas similares, donde se vieron varias y bellísimas rarezas.

Traían la comida ciertos monstruos marinos dentro del cuerpo, de manera que cada monstruo solo traía todo un plato que, llegado a la mesa, se abría, y entonces el Scalco extraía fácilmente el servicio como si fuera desde dentro del vientre. Estaban tales scalchi todos vestidos de terciopelo verde, y aquellos que servían los primeros platos, que fueron tres, todos vestidos con trajes bordados con escamas, y los otros

> con atuendos de menos gasto. Se llevó cada comida con varios sonidos musicales e inusitados instrumentos. Y cuando vinieron sus Altezas a la mesa, se presentaron seis Dioses marinos, con conchas marinas grandes y caracoles en mano, que fueron dados para lavar las manos a Damas y Caballeros, pero no a sus Altezas, porque los scalchi se los dieron a ellos separadamente[8].

Ni todo ese esplendor, y ni siquiera las predicciones de Nostradamus bastaron para complacer el deseo de Alfonso: los anhelados herederos nunca llegaron a ser concebidos y el poder de los Este en Ferrara se disolvió, pero en esos banquetes, no podía traslucirse ningún signo de ese destino de decadencia. En tanto que resplandecía en el banquete, su quimera de poder y gloria debían parecer eternos, aunque fuera una ilusión efímera, como eran esas artes.

[8] ROSSETTI. P. 425.

18. REPOSTERÍA

A diferencia de la palabra pastelero, que nos remite bastante claramente a sus similares en nuestras lenguas próximas: *pâtissier, pasticciere, pastry chef*…, la palabra *repostero* no nos lleva a ningún lugar conocido; no nos remite a nada que podamos asociar directamente con la confección de dulces. Según La RAE, *repostero* es quien tiene como oficio elaborar dulces, que es lo que hoy entendemos por ese término. En sus últimas acepciones (6 y 7), refiere su significado histórico: el del puesto que los *reposteros* desempeñaban en la casa de los reyes de Castilla: "en los palacios de los antiguos reyes y señores, [el *repostero* era el] encargado del orden y custodia de los objetos pertenecientes a un ramo de servicio, como el de cama, de estrado, etc".[1] El gran ausente en la definición histórica es el azúcar, porque en origen las funciones del *repostero* estaban bien alejadas de las que les reconocemos hoy. Los *reposteros* eran quienes en distintas áreas del palacio tenían a cargo la provisión y custodia de los elementos específicos de su sector. El *repostero* era quien se encargaba de la *reposición* de lo que fuese menester, de *poner las cosas en su lugar*.

Alfonso X de Castilla (siglo XIII) en Las Siete Partidas esboza una descripción de este puesto, de máxima confianza del rey:

> Repostero es otro oficial que tiene gran lugar para cuidar el cuerpo del rey, y tiene este nombre porque él ha de tener las cosas que el rey manda custodiar con limpieza; y también ha de tener otras cosas guardadas que tocan a la custodia del rey, tales como la fruta, la sal, los cuchillos con que tajan ante él; y algunas otras cosas que son de comer que él trae en presente y que él ha de guardar (…) y por ende debe tener seis condiciones ante los otros oficiales: la primera, que sea de buen linaje; segunda: leal; tercera, buen entendero; cuarta, de buen seso, que sepa

[1] Diccionario de la Real Academia Española.
https://dle.rae.es/reposter%C3%ADa

> el bien que el rey le hiciere, y que no enloquezca, ni sea atrevido en la buena andanza; quinta, que no sea codicioso; sexta, que no sea envidioso, ni se enoje. Y esto mismo vale para el *camarerar* [camarero], que lleva ese nombre porque debe guardar la cámara donde el rey se alberga, y su lecho, y los paños de su cuerpo, y las arcas, y los escritos del rey, y a aunque sepa leer, no debe leerlos, ni dejarlos leer sin su mandado. Y sobre todas las cosas es menester que non sea mesturero [cizañero, chismoso], ni delator de lo que viere u oyere, mas debe ser cuerdo, et callantío [callado] et de buena poridat [pureza]. Y cuando así fuesen los reposteros y los camareros, débeles el rey hacer bien y merced, y cuando algo contra esto hiciesen, deben ser penados[2].

Como no podía ser de otro modo, las cualidades del repostero también son mencionadas más tarde por Enrique de Villena, en la misma línea que Alfonso X. El oficio de pastelero nada tenía que ver con esta repostería que estamos detallando.

El puesto de pastelero, por su lado, figura entre los oficios citados por Gonzalo Fernández de Oviedo en su obra, *Libro de la Cámara del Príncipe don Juan* (1548)[3]. El pastelero tenía la función de elaborar no solo pasteles dulces,

[2] Mayoral López, Rubén, La Casa Real de Felipe III (1598-1621) Ordenanzas y Etiquetas, U. de Madrid, Fac. de Filosofía y Letras, Depto. de Hist. Moderna, 2007.

https://repositorio.uam.es/bitstream/handle/10486/2423/3750_mayoral_lopez_ruben.pdf?seq

[3] El libro fue encargado por Felipe II para conocer el funcionamiento en el servicio del príncipe don Juan (1478-1497), que contaba con Casa propia por expreso deseo de sus padres, Isabel y Fernando, desde 1496. Don Juan era el primer hijo varón de los Reyes Católicos, príncipe de Asturias y heredero al trono hasta su prematuro fallecimiento a los 19 años.

Fernández de Oviedo recoge en su obra multitud de oficios al servicio de la cámara del Príncipe: *offiçio del Contador mayor de la despenssa e rraciones de la Casa Real, offiçio del camarero mayor e otros offiçios que se exerçitan e militan cerca de la persona rreal de s.a., pajes, offiçio del camarero, delos libros de la cámara, caxas o arcas, moços de cámara, moço de cámara del rretrete, reposteros de camas, capilla, reposteros de capilla, reposteros de estrados e mesa, reposteros de plata, porteros de sala, copa e botillería, offiçio de veedor, despensero mayor, moços de espuelas y dela ballesta, cozina, offiçio de maestresala, offiçio de trinchante, cazador mayor. Bruto, lebrel del Príncipe, cerero mayor. Otros como el de panadero, platero, bordador, boticario, carniçero, pastelero, guarnicionero.*

Citado en: López Sánchez, María del Carmen. La mano del rey: el mayordomo mayor en la Casa Real del siglo XIX. Tesis doctoral. Universidad Carlos III de Madrid. Getafe, 2017.

https://e-archivo.uc3m.es/rest/api/core/bitstreams/feda894c-2686-4d7b-8350-2168ee37ec6e/content sino también salados; tengamos en cuenta que los pasteles eran un manjar difundidísimo y que ofrecía infinitas variantes.

Mientras tanto, los *reposteros* seguían sirviendo a la reposición de la plata, de la ropa blanca de mesa, de la ropa blanca de cama, de la iluminación, etc. Sendos roles: el de pastelero y el de repostero, iban por caminos que no tenían nada que ver el uno con el otro.

En el siglo XVII, Yelgo de Bázquez detalla cuáles son los distintos tipos de *reposteros* necesarios en un palacio, sus modos de servir y obligaciones, según las respectivas áreas de la casa, sin alusión o vínculo entre estos y las labores de azúcar; sin embargo, se hace evidente que el trabajo de los reposteros se había complejizado y que, por ende, estaban divididos según su campo de competencia.

En ese mismo periodo, su contemporáneo, Francisco Martínez Montiño publica su *Arte de Cozina, pasteleria, vizcocheria y conserueria* (1611), completísimo libro fundado en el azúcar, donde por contraste la palabra que brilla por su falta es... repostería. Sigue sin existir todavía ninguna relación entre *repostero* y pastelería[4].

Oficio de Ramillete de la Casa Real

La moda de los esculturales adornos alegóricos llamados *triunfos de mesa* que acabamos de describir en el capítulo anterior, se propagaron desde Italia a las demás cortes de Europa. En España estas decoraciones tomaron el curioso nombre de *ramilletes*, y tal relevancia tuvo esta tarea que se constituyó hacia el siglo XVIII un reparto propio, el *Oficio de Ramillete en la Casa Real*, encargado de aparejar mesas y bufetes. Fue en ese momento en el que comenzaron a intervenir aquellos reposteros que tenían a cargo la gestión de los alimentos y de los objetos de plata (más toda la moldería de cocina), en quienes recayó la tarea de elaborarlos. Ese manejo se llevaba a cabo anexamente a las cocinas, y por ende, los reposteros a quienes se les adjudicaba esa parte de custodia de la casa, tenían por defecto, un manejo de todo aquello que no era directamente

[4] Martínez Motiño, Francisco – Arte de Cozina, pasteleria, vizcocheria y conserueria. Luis Sánchez, Madrid, 1611.

https://play.google.com/books/reader?id=tVMQ2Dsmv-8C

preparado en la cocina, pero que servía a ella, como podían ser mermeladas, confituras y licores. Los reposteros de los alimentos, debían ser ya diestros en el manejo de los azúcares por este motivo.

Tampoco Francia quedó atrás en la moda de ejecutar triunfos de mesa, más aun, pronto tomó la posta en la confección de estas esculturas, ya que pasó directamente a liderar toda tendencia que atañera a cualquier aspecto de la vida social, y por supuesto también a la mesa. En Francia pronto se produjo un viraje de los *trionfi da tavola* hacia otro tipo de adornos que fueron los *surtouts*, que eran un muy sofisticado tipo de centros de mesa, de los cuales el Oficio de Ramillete español se hizo pleno eco. Siguiendo estas tendencias de la moda, el *Real Oficio del Ramillete* español, según se iban sucediendo los mandatos, no perdía vigencia, pero claro que según quién lo rigiera, iba mutando burocráticamente y también confundiéndose con tareas que no le eran propias. Cuando las arcas no bastaban para que proliferase el personal, los oficios tendían a concentrarse y a mezclarse de formas no siempre óptimas. A medida que el oficio del *Ramillete* se transformaba, la función del pastelero de dulces se afianzaba y entonces los papeles de repostero y pastelero tendieron a mezclarse, hasta el punto en el que se volvieron sinónimos. A su vez, las demás áreas de la casa iban dejando de lado el nombre *repostero* para los cargos que tenían que ver con las reposiciones varias. *Repostería* se fue identificando cada vez más con el área complementaria de la cocina.

A mediados del siglo XVIII nos encontramos con un claro testimonio de un trabajador italiano en España quien se declara *repostero*, con todas las letras, en el sentido que hoy le damos a la palabra:

> Digo yo, Antonio Picacci, de profesión repostero, que me obligo a servir desde el 1º de abril de 1751 el ramillete y demás géneros así de dulces y platillos que se expresarán a la mesa de estado de los caballeros que dé cuenta de la reina viuda, nuestra señora, y de su real orden se da a medio día y a la noche en este real sitio con las calidades y condiciones y en el modo y forma siguiente: (relación) 95 reales de vellón al día –café, azúcar inclusos en esta partida. Los quince reales de vellón del aumento, ya referidos, diez de mi ración, tres para la paga de un mozo, seis para carbón, vela, sebo y otros gastos menores y uno para limones que diariamente sirven el sortú [surtout], que todas estas partidas

componen 95 reales, que mensualmente se me han de librar como se ha hecho hasta aquí [...]; asimismo es condición que las flores que de mi cuenta sirva en el estado o fuera de él para servicio de S.M. y se las regalasen o llevasen las personas a quienes se les sirve, se me han de abonar por cada una cuatro reales de vellón[5].

Encontramos en este documento la aparición de un componente fundamental, que no hacía tantísimo que había sido incorporado a la sociedad: el café. Junto con él también llegó el té, y el tercer elemento, que es el más importante en este caso: el chocolate. Los dos primeros no tardaron en establecer servicios formales que le serían propios, con vajilla incluida, más una incalculable demanda de producción de todo un sistema de dulcería satélite que giraría (como sigue girando hoy) alrededor de esas dos bebidas calientes. Para el chocolate, desde luego, también regía un protocolo propio, pero de los tres fue el que hizo un apabullante ingreso en la culinaria, generando una verdadera revolución, la más grande después del azúcar. El nombre y oficio de repostero se afianzó vinculado a estos cambios.

El término *repostería* se ve por fin plasmado en el libro de Juan de la Mata (primera edición de 1755), que terminó siendo icónico. El título completo era: *Arte de reposteria, en que se contiene todo genero de hacer dulces secos, y en liquido, vizcochos, turrones, y natas: bebidas heladas de todos generos, rosolis, mistelas, etc. con una breve instrucción para conocer las frutas, y servirlas crudas y diez mesas, con su explicación. Su autor juan de la mata, repostero en esta corte, repostero real. Numerosas descripciones de la repostería de la corte española. Juan de la Mata – Arte de Repostería – 1786*[6].

¿En tan larga introducción se omitió la palabra *chocolate*? No importa, en compensación, en el cuerpo del libro aparecerá nombrada casi cincuenta veces.

En la página 188, de la Mata detalla la "regla general para armar cualquier ramillete", que nos muestra a un tiempo la moda todavía en boga de es-

[5] Martínez Millán, José – La Casa de la reina Isabel de Farnesio (1715-1766). UAM. Departamento de Historia Moderna, 2008.
https://repositorio.uam.es/bitstream/handle/10486/689244/13-casa_martinez_RDMHP_2008.pdf?sequence=1

[6] De la Mata, Juan – Arte de Repostería. Josef Herrera, Madrid, 1786. Pág 34.
https://play.google.com/store/books/details?id=XlIuKxgFnIkC

tos ornamentos y las claras atribuciones de un *repostero*, en su sentido moderno. El *Oficio del Ramillete* terminó por extinguirse entre 1840 y 1847 (reinado de Isabel II). Sus ocupaciones se repartieron aquí y allá, pero es entonces cuando surge la *Real Repostería*, como departamento independiente, con su nombre asumido y asimilado.

Credenza

El puesto de repostero español de siglo XVIII encuentra su contrapartida en el *credenziere* italiano.

La *credenza*, que (tal como vimos en los primeros capítulos) había nacido como mueble secreto que salvaguardaba la vajilla, y que había luego pasado a ser tan exhibicionista como un aparador, ahora se convertía en sinónimo de la segunda cocina, en el ámbito de apoyo donde se elaboraban todas aquellas preparaciones que no competían al cocinero, pero que estaban subordinadas a la cocina principal[7]. Así el último servicio de mesa pasó a llamarse "de credenza" porque estaba compuesto por alimentos preparados por el *credenziere*, personaje que en los siglos pasados se había encargado de hacer la salva, pero que ahora asumía las mismas funciones que el *repostero* español: ocuparse de frutas frescas, frutas secas y en almíbar, confites, turrones, de bizcochos, tortas y tartas dulces, mazapanes, etc. La importancia que en ese momento tenía el *credenziere* hizo que los cocineros del tiempo dedicasen buena parte de sus obras a ese concepto. El cocinero italiano Francesco Leonardi agregó dos volúmenes a su obra para ese tópico, consagrando gran espacio para los licores y destilados[8]. Vincenzo Corrado publicó un libro específico para esta área que él llamó "la hermana gemela de la cocina"[9]. Ippolito Cavalcanti[10], un poco

[7] Bartolomeo Scappi, mucho antes, en el s. XVI, había llamado a esta área la "*camera propinqua alla cucina*", es decir la habitación contigua a la cocina.

[8] Leonardi, Francesco – L'apicio moderno, 1790.
T1 https://play.google.com/books/reader?id=ysDJ_ZmJWOIC
T2 https://play.google.com/books/reader?id=9B3g9O0BD7sC
T3 https://play.google.com/books/reader?id=UJOSk_HKc6MC
T4 https://play.google.com/books/reader?id=lraTdWQ4EMsC

[9] Corrado, Vincenzo – Il credenziere di buon gusto, 1778.
https://play.google.com/books/reader?id=8yrXaetxSScC

[10] Cavalcanti, Ippolito – Cucina teorico pratica, 1839.
https://play.google.com/books/reader?id=3_MpAAAAYAAJ

más tarde, no llama a este sector credenza, sino que aplica un término más afín a las cocinas españolas: *riposto*[11], advirtiendo que si este no se encuentra a la altura de las exigencias emanadas de la cocina principal, terminará por dañar su reputación por acto reflejo. Francia, por su parte, se sirve de otra terminología para esta evolución de la cocina: *office de cuisine, officiers de cuisine*[12].

Todos estos textos antiguos, tan fácilmente asequibles hoy gracias a Google Books (y traducibles merced a los traductores en líneas), son patrimonios de recetas preciosas, algunas de otro tiempo, otras muy actuales, muchas para incursionar y explorar, como una inmersión en el pasado que parecen narradas por profesionales de nuestro propio tiempo.

[11] En el s. XVII *ripostiere* y *credenziere* coexistían, pero con funciones distintas. *Ripostiere* para el guardado de la vajilla, *credenziere* para la preparación de lo anexo a la cocina. Véase: La contralesina, Venecia, 1604. P. 103t/204v. https://play.google.com/books/reader?id=Yl1CAAAAcAAJ

La palabra *riposto* desapareció en general de la lengua italiana, pero quedó escondida en formas de hablar como sinónimo de despensa. Dialectalmente en Abruzzo y Molise en el verbo *reponne* como sinónimo de guardar, con el mismo sentido que debía hacer el *repostero* de corte español.

[12] Consúltense otras fuentes de época: 1715 Nouvelle instruction pour les confitures, les liqueurs et les fruits, de Massialot

https://gallica.bnf.fr/ark:/12148/bpt6k15119803

1720 Traité de Confiture.

https://play.google.com/books/reader?id=pb_OhF8A5v4C

1765 Dictionnaire portatif de cuisine, d'office, et de distillation Première partie https://gallica.bnf.fr/ark:/12148/bpt6k15111521

Seconde partie https://gallica.bnf.fr/ark:/12148/bpt6k15111506.image

1770 https://play.google.com/books/reader?id=EdU6AAAAcAAJ&pg=GBS.PP6

19. LA COCINA DEL SIGLO XVI

Detrás y dentro de toda la parafernalia decorativa, estaba la comida, que, como ya esbozado, no era por cierto cuestión menor. En Italia, por territorio, biodiversidad y conocimiento de las materias primas (y sus modos de procesarlas), disponían de amplias gamas de comestibles para cada época del año, por lo tanto, también la comida en sí era motivo de ostentación e innovación permanente, ya que en el ADN cultural italiano, "tradición" y "evolución" no son dos conceptos antitéticos, sino que van de la mano.

Durante el siglo XVI Italia lideró todas las tendencias que tenían que ver con la mesa. La culinaria estaba todavía muy condicionada por los cánones de la medicina hipocrática. Desde siglos atrás, había recibido esas influencias determinantes a partir del mundo musulmán. Intentaremos en este capítulo describir las características generales de la forma de comer en ese tiempo.

Se amaban las **especias,** aunque tal vez menos de lo que suele representarte en nuestro imaginario colectivo; los manjares no estaban abarrotados de condimentos, cada sustancia era aplicada en la medida adecuada para el paladar y según las prescripciones dietéticas de la época. No se usaban, como suele pensarse, para cubrir fallas de alimentos poco frescos, sino para exaltar sabores. El azúcar, como vimos, para ese entonces había abandonado esa categoría, convertido en ingrediente preponderante y omnipresente, abusándose más y más de su uso sin límites. En el caso de su presencia en los primeros pasos de comida, su gusto era contrastado por los ácidos de cítricos y vinagres, tornándose **agridulce**, efecto que Europa más tarde descartó, pero que redescubrimos hoy cuando nos asomamos a las culinarias de Oriente.

A partir del uso de vinagres y cítricos, por otro lado, se desarrollaron múltiples técnicas de preparados, tanto para carnes como para pescados y también vegetales. Los **escabeches** eran infaltables y se aplicaban múltiples sofisticadas formas de ejecutarlos.

Era una cocina **carnívora**. Las **aves** ocupaban la más alta jerarquía, porque primaba la idea de que aquello que se acerca al cielo es nutriente más noble que lo que crece bajo tierra. Las aves de caza eran las preferidas; por otro lado se cazaba **gran variedad de especies**.

Les agradaba la vista de las piezas de **animales enteros** servidos en la mesa, reconstruidos como si estuvieran vivos, arte que se veía exaltado sobre todo en el banquete. "Hermoso era ver sobre la mesa cuatro pavos blancos como la nieve los cuales habían sido asados y luego recubiertos con su propia piel, con tanta gracia que parecía se moviesen", decía Vincenzo Cervio[1].

A medida que del Renacimiento se fue pasando al Barroco, la obsesión por la presentación de los animales en el banquete los llevó a recurrir a ideas estrafalarias, como colocar fuegos artificiales dentro del animal, de modo que al aparecer en público podían provocar el efecto de hacerlos lanzar llamas por la boca; se los cubría de baños de plata y de oro, de revestimientos de azúcares de colores y mazapanes[2]. O se los envolvía en masas de harina pluridecoradas, tanto siguiendo las formas del animal, así como en moldes de fantasiosas siluetas.

En Italia (únicamente allí), aparecían también servidos con coberturas de ñoquis u otras pastas. O se los revestía con la técnica del *impilottato*, que consistía en producir incisiones en el cuerpo del animal y luego ornarlo con cañitas de canela, confites o frutas confitadas, o se hacían *lardati*, es decir

[1] CERVIO. P. 124.

[2] Bagnasco, Orazio – El Banquete. Plaza & Janés Editores, Barcelona, 1999.

"Se preparaban bolitas con alcanfor para meterlas en la boca de los pavos. El alcanfor, encendiéndolo poco antes de entrar en la sala, liberaría llamas de los picos abiertos de las aves, produciendo un admirable efecto. Entretanto, los decoradores colocaban las plumas de los pavos en forma de rueda para después poder pegar la cola al cuerpo del ave cuando, al final de la cocción, se la vistiera de nuevo con piel y plumas. El Gran Cocinero ponía una atención especial en la renombrada ***ternera medio asada y medio hervida.*** Esta preparación la supervisaba en persona, pues era una receta que había hecho célebre a su padre y que él había perfeccionado. Su famoso progenitor la descubrió en el texto del romano Apicio, gran experto en cocina del siglo II después de Cristo. En un caldero a medida, se hacía hervir la mitad posterior de una ternera grande en un caldo graso con todos los aromas. Mientras, la otra mitad sobresalía por un agujero practicado en la tapa de la ollaza y, para evitar que se cociera, se la mantenía fresca con paños mojados. La parte que quedaba cruda se asaba posteriormente en un horno apropiado. Esta vez se hacía entrar en el horno sólo la parte por asar, y la ya hervida salía por la portezuela preservándola del calor, también en este caso, con unos trapos húmedos. De esta manera, el Gran Cocinero podía presentar una ternera intacta, sin haber dividido nunca el cuerpo del animal, mitad hervida y mitad asada, recubierta con láminas de oro y rellena con aves vivas".

cubiertos en láminas de grasa de panceta o jamón, que al cocinarse les daba un aspecto brillante, y un sabor sin dudas inigualable. Estas dos técnicas alcanzaron gran desarrollo en el siglo XVII.

Se hacían matrioshkas conteniendo animales más pequeños dentro de otros más grandes. Era luego tarea del trinchante descomponer estas piezas cortándolas de forma armónica.

Las carnes se servían frías en la primera parte del servicio, y generalmente guisadas en el segundo paso y asadas en el tercero. También se freían. El límite al consumo de carne estaba impuesto por la alternancia de los **días de magro** impuestos por la iglesia. Esos días eran, básicamente, los viernes, sábados y toda la cuaresma. La prohibición de comer carne era absoluta y penada en caso de transgresión; la Inquisición se solazó en esa persecución y luego se encargó Martín Lutero de condenar las prescripciones y aún más la cacería humana. Gustaban, además, de la combinación de carne y pescado en un mismo menú, una usanza que luego proscribió.

Cuando no era posible consumir carne, se recurría a todo aquello que proviniese del mar, ríos y lagos, que sí estaba permitido comer durante los días de magro. Hay que ver la sinfonía de mariscos y demás especies que suelen encontrarse reunidas en un único menú. En ese sentido Italia era un país privilegiado, tanto por su longitud de costa como por las relativamente cortas distancias a las ciudades más internadas en el territorio y por su biodiversidad. De los pescados aprovechaban todas las partes, incluso las achuras. Lógicamente, las ciudades con acceso a las aguas tenían mucha mayor disponibilidad de recursos que las que estaban tierra adentro. La dependencia de los ingredientes de las aguas muchas veces representaba un peso y dolor de cabeza para los *scalchi* a la hora de planificar una comida, porque estaban sujetos a la disponibilidad de la pesca fresca. Tenemos casi todos muy presente el caso francés, célebre y trágico de François Vatel, quien terminó por suicidarse cuando el pescado que esperaba para su banquete se demoró más de lo tolerable.

Más allá de la abundancia de carnes y de pescado, en Italia subyacía una cultura fabulosa de las **verduras**, devoción que heredaron desde los tiempos de los romanos, etruscos y más atrás, que seguía la cadencia marcada por las estaciones del año y que no ha decaído en absoluto. Los vegetales se servían en forma de ensaladas, de potajes, de conservas, de rellenos, de guarniciones, etc. En Rossetti pueden contarse unas cincuenta especies de frutas, verduras, legumbres y hierbas. Las trufas, a las que podríamos considerar directamente como una categoría aparte, son mencionadas por el autor en más de cien oportunidades.

Otra cualidad notable de aquel tiempo era la obsesión por los pasteles. Las masas, de una enorme diversidad, servían como contenedores para una infinidad de rellenos, adoptando a su vez las formas más curiosas. Podían modelarse siguiendo la anatomía del animal que envolvían o revestir moldes de diferentes alturas –bajos, altos, medianos–. Luego, se horneaban con o sin tapa, utilizando masas dulces o saladas, y se rellenaban con carnes, verduras, frutas, entre otros ingredientes. Las coberturas de azúcar eran infaltables, y a medida que se fue llegando al barroco, los pasteles se fueron ornando más y más, hasta el mismísimo rococó, con más revestimientos en oro y en plata, con superposición de esculturas, con colores y fantasías. También se hacían preparaciones de molde pero sin masa contenedora, tal como hoy haríamos, por ejemplo, un pastel de papas argentino. Las masas grandes se replicaban en las chicas, con o sin masa contenedora, transformándose en pastas rellenas, como son los ravioles y los *tortellini*.

Los contenedores de masa de harina tenían múltiples ventajas: servían como táper de innumerables alimentos, eran buenos para conservar lo que llevaban como relleno y óptimas para ser transportadas en caso de partidas, tanto de caza como de guerra. Otro gran beneficio de estos envoltorios era que permitían albergar rellenos desmenuzados y picados, fáciles de digerir, amadísimos por quienes carecían de dentaduras juveniles, en un tiempo en el que no existían las prótesis.

Las **salsas** eran poco grasas, hijas dilectas de los caldos árabes, y de ellos tomaron también ciertos resabios ácidos. La cocina francesa, que se impuso poco después, trastocó ese gusto al punto de hacerlos desaparecer para ser reemplazarlos por los nuevos cánones de las salsas que hoy conocemos. Los ***savori*** eran concentrados de aromas obtenidos a partir de jugos de frutas, de flores, de carnes, de verduras, que luego eran utilizados como componentes de las salsas que se espesaban con pan, huevo y frutos secos.

En los banquetes italianos, las **pastas**, frescas y secas, están presentes, aunque de forma esporádica (Messisbugo cita: *maccheroni*, *lasagne*, *vermicelli*, y pastas rellenas como: *ravvivoli*, *guanti* y *tortelli*). Los **quesos**, en cambio, eran omnipresentes. También gustaban de comer **frituras, gelatinas** modeladas, **ahumados, escabeches,** y **adobos.**

En el siglo XVII ingresaron a la cocina los perfumes fuertes del **ámbar y el almizcle.** El almizcle, en realidad, ya estaba presente como aroma, aunque más tarde terminaría por tomar ínfulas hasta niveles insoportables.

Los cocineros dominaban innumerables técnicas de cocción. Rossetti menciona 45 formas de preparar y de servir una lengua vacuna. No nos deja las recetas, sino sólo el enunciado de las posibilidades.

Se usaba mencionar modos de preparación aludiendo a formas nacionales: *a la francesa, a la española, a la aragonesa, a la inglesa, a la húngara…* también *a la italiana,* pero dentro de Italia, las diferencias locales estaban ya bien identificadas, patentadas y exportadas: *a la boloñesa, a la genovesa, a la veneciana, a la napolitana, a la milanesa, a la romana…* Al mismo tiempo, había una increíble circulación de productos cuya denominación de origen era el nombre de la ciudad de proveniencia o su ámbito rural de influencia. Italia estaba a la cabeza de esas especializaciones de producto, con un sentido ya tan arraigado, que lo aplicamos al día de hoy toda vez que mencionamos *Parmigiano Reggiano, Prosciutto di Parma, Aceto Balsamico di Modena, Olive di Gaeta, Maccheroni di Napoli* o *Mortadella di Bologna.* Muchas de las viejas realizaciones se extinguieron; Génova tenía supremacía en confitados de fruta, Venecia en figurillas de azúcar, Bérgamo en canelones dulces enlatados, Foligno ostentaba sus confites *fulignani*, etc.

Memoria de ingredientes de Messi Sbugo

En la corte de Ferrara, hubo un Messi que sentó las nuevas bases de la cocina europea. Era Cristoforo di Messi Sbugo, apellido compuesto que pasó luego a la contracción "Messisbugo". En su majestuoso libro de banquetes (de mitad del siglo XVI) antes de pasar a detallar primero sus convites y luego sus recetas, dejó por escrito una generosa memoria de ingredientes por él utilizados y que a continuación detallamos[3].

[3] MESSISBUGO. P. IIIt/8v.

- ***Panes***

Contaban con un amplio repertorio de panes a los que podían echar mano a la hora de armar cada banquete. La panera era ya a esa altura individual y solía consistir en dos variedades para cada ocasión. Los panes que detalla Messisbugo son los siguientes:

Pane intorto de mesa: es el precursor del particular producto que todavía goza de plena vigencia en la panificación de Ferrara: la *coppia ferrarese*.

Boffetto: era un pan muy preciado, de la más alta calidad, muy bien levado, con mucha miga y redondeado. Todavía en consumo en ciertos lugares, como Brescia.

Michini: imagino debe tener que ver con los actuales *michetta* y *miccone* de la Lombardía. Se trata de panes hechos con harina blanca y de doble levado. La *michetta* lombarda es similar al pan *rosetta* romano.

Pinzoni, no era otra cosa que una especie de *focaccia*, o como para que se entienda mejor y sugiere el nombre: pizza, no entendido como una pizza moderna, sino en el sentido de pan chato.

Maroncini (¿?): Se me ocurren pancitos pequeños redondos con forma y tamaño de castañas, pero no encontré documentación certera al respecto.

Navicelle, pancitos con forma de espiga o bote, puntiagudo en los extremos.

Bracciatelle de varios tipos: eran panes con forma de rosca, como los taralli. Su significado se entiende a través de *bracciale*, pulsera.

Biscottini, bizcochitos de leche, con azúcar o sin.

Crescentine di butiro, tortas fritas de manteca que estaban reservadas –aclara– para las mesas principales. Para las demás mesas se servía *pan da famiglia*, pan familiar.

- ***Harinas***

Farina buratata bianca, e nera. Harina libre de salvado. La harina negra debía ser la de grano sarraceno (*Fagopyrum esculentum*). Almidón. Harina de arroz.

- ***Vinos y uvas***

Romania, Bastardo, Greco di Somma, Greco Toscano, Sirauolo, Trebbiano, Amabile, Racese, Vernaccia, Albana, Graspia, Magnaguerra, Latino Romanesco, Sanseuerino, Raspato, Corso. Vino blanco, tinto o clarete. Vinos dulces y secos. Vinos jóvenes y maduros. Vinos aguados. Otros líquidos afines: vinagres, *agresto* (condimento a base de uvas no maduras), *sabba* (arrope de uva).

- ***Carnes y aves***

Carne de res, vacuna, ternera de varios tipos, cerdos salvajes y domésticos, ciervo, gamo, corzo, cordero, cabrito, castrado, lechones; liebres, conejos, lirones, pavos reales, faisanes salvajes y domésticos, perdices, perdices bravías, francolines, zorzales, perdices grises, chocas perdices, nocturnos, currucas, codornices, porzanas, torcazas, patos, grullas, ocas, avetoros, garzas, currucas. Patos salvajes y domésticos. Cercetas grandes, medianas y chicas, oropéndolas, chorlitos grises y otras aves. Capones gordos y carnosos y similarmente, gallinas, pollos, pichones, columbiformes.

- ***Salazones y embutidos frescos***

Salami di porco investiti e non investiti, salames porcinos embutidos y no embutidos. La palabra "investiti" significa en este caso "revestidos", es decir realizados mediante el uso de una tripa, vale decir "embutidos"[4].

Saleizzoni, salazones.

[4] Siguiendo con la denominación de los embutidos, en otro apartado de su libro, Messisbugo titula una receta "Investiture". En esencia, se trata de unos chorizos elaborados con partes del cerdo como orejas, lengua y garganta. No me sorprendería suponer que, con el paso de los siglos, esta receta haya evolucionado, y que el término "investiture" –que no tuvo gran éxito para denominar embutidos– haya perdido su sentido original, transformándose en "investimenti". Aunque hoy esta palabra en italiano moderno significa "inversiones", es posible que, a medida que se modificaba la receta, también se omitiera la tripa y se incorporaran otras menudencias animales, como crestas de gallo y entrañas varias. En Piamonte, "investimenti" pudo haber dado lugar a la "finanziera", un guiso de menudencias típico de la región, ambos términos vinculados con gestiones de finanzas. Hasta ahora no he encontrado ninguna explicación que confirme esta derivación, por lo que mi teoría es solo una conjetura.
MESSISBUGO. P. 59t/185v.

Zambudelli, "sambudelli", un tipo de salchichas frescas que se siguen elaborando en Toscana y Emilia Romaña.

Mortadelle di fegato, fiambre de hígado y otras carnes molidas, poco parecido a la mortadela que conocemos.

Mortadelle gialle, fiambre de carnes molidas teñido de amarillo con azafrán.

Sanguinacci rossi, morcillas.

Sanguinacci bianchi. "Sanguinaccio" es el nombre de la morcilla, pero en este caso, y a pesar del nombre, se trata de un fiambre hecho con carnes de aves[5].

Tomaselle, albónigas envueltas en el omento o redaño. Pueden ser estacionadas o frescas, cocidas a la parrilla o fritas.

Salsiccia rossa e gialla, salchichas, rojas y amarillas de azafrán.

Migliazzo, dulce de cerdo elaborado con sangre porcina endulzada, especiada y espesada con harina. Perviven elaboraciones regionales de ese tipo como el *migliaccio senese*, el *sanguinaccio*, que no es en este caso un embutido como la morcilla, sino un dulce que se usa incluso para hacer tartas, tipo pastaflora, en lugar de la mermelada, dulce que se sigue haciendo en puntos recónditos de la Campania y la Basilicata, por ejemplo. Otro ejemplo es la *turta de pursel* del Valle Camonica, en la Lombardía.

*Persciutt*i, jamones.

Sommata, fiambre elaborado a partir de la ubre. Una derivación contemporánea es el *teteun*, salazón tradicional de la región de Valle de Aosta.

Coppe di bue in pezzi salate, fiambre realizado a partir del cogote del cerdo, como la bondiola argentina.

[5] Búsquese "sanguinaccio bianco" en:

1796 Dizionario universale economico rustico. Volume 20. Roma. P. 69.

https://play.google.com/books/reader?id=3rr93ecdbDMC

1878 La cuciniera universale, ossia L'arte di spendere poco e mangiar bene secondo il metodo delle cucine triestina, milanese, veneziana... P.143t/127v.

https://play.google.com/books/reader?id=FAyDOFHIUzUC

1892 Giuseppe Lancia Manuale del macellaio e pizzicagnolo. Sanguinaccio bianco di pollame. P. 526t/528v.

https://play.google.com/books/reader?id=rcHVAAAAMAAJ

Lingue di base, Gambetti, Oche in fale, Teste di porco misalte: lenguas, patas de cerdo, fiambres de ganso, cabezas de cerdo saladas.

Robba in dobba, carnes adobadas frías.

Robba in casonada, carnes frías en molde, tal como lo que se conoce hoy como "queso de cabeza" o "queso de cerdo".

- ***Entrañas, menudencias y grasas animales***

Hígados de ternera, de aves, de cerdo, menudos, testículos de cordero o de chivito, sesos de cerdo, patas de cerdo o castrado, o ternera o res. Testículos y crestas de pollos, chinchulines, ubres, lomos de cerdo, de res. Panceta de cerdo, grasa y tuétano de res, o ternera para pastas rellenas, pasteles, sopas, pastelitos y tortas. *Lardo*, grasa de cerdo salada y curada. *Carne verzellata:* con venas de grasa, chicharrón, grasa de cerdo.

- ***Frutos de las aguas, dulces y saladas***

Hay que considerar que la ciudad de Ferrara domina la cuenca del Po, sobre el Adriático, y por lo tanto su riqueza ictícola era formidable con respecto a muchas otras ciudades italianas, con recursos tanto marinos como fluviales y lagunares. Las copiosas menciones de Messisbugo son elocuentes: belugas, esturiones, truchas, escabeches, anchoas, *Alosa agone*, sabogas, barracudas, tencas, carpas, percas, lamprea, tímalos, pescaditos de fuente, langostinos, ranas, caracoles, pescaditos pequeños, alburnos, barbos, bagres, *Chondrostoma soetta*, gardíes, jureles o chicharros, lubinas, rémoles o rombos, doradas, dentones, salometes de fango, verrugatos o corvallos o maigres, carpas, bonitos, platijas europeas, mújoles, lisas, caballas, pescados de laguna véneta, pageles, agujas, sardinas, *Gobius paganellus*, carameles, anguilas, sepias, calamares, lenguados, peces escorpión?, rubios, atuncitos.

Menciona, además, otros pescados, indignos para las altas clases, "comida de marineros": caballa, pulpo, raya, tiburón…

- ***Pescados y sus menudencias, conservados en sal, vinagre, ahumados***

Atunes, interior de atún, anchoas, sardinas, anguilas, arenque...

- ***Crustáceos***

Bogavantes, langostinos, centollas, cangrejos. Merecen ser destacados los casos de *Moleche* y *Schille*, crustáceos que se consumían y se siguen consumiendo en Venecia cuando estas especies se encuentran en la fase de mutación de su caparazón, más exactamente en el momento en que este se desprende del cuerpo.

- Caviar, botarga, gelatina de pescado
- Ostras y otros bivalvos
- Hongos frescos y secos
- Lácteos

Butiro: manteca. Término que más tarde dio origen a la palabra italiana que hoy designa a la manteca: *burro*. *Ricotta*. *Ricotta di butiro* o *puine di buttiero*, ricota elaborada a partir de manteca acidificada con agraz. *Cavi di Latte*, natas de leche. *Panna di latte*, crema de leche. *Lattemelle*, crema batida.

Giuncata, queso fresco de leche de oveja o de vaca con forma generalmente fusiforme originada por la forma particular del molde de junco en el que se introduce la cuajada.

Mantigilia: era un lácteo, tipo manteca, realizado dentro de una piel de cabrito.

- ***Quesos***

Formaggio duro: como quesos duros debía referirse principalmente a los dos grandes tipos de queso que hoy llamamos *parmigiano* y *grana*.

Tomino: hoy existe un queso piamontés que se llama, precisamente, *tomino*. Tiene un formato pequeño, redondo, achatado, parecido al de una hamburguesa; se consume fresco o estacionado. Probablemente se trate del mismo queso entonces y ahora, pero la palabra *toma* es en sí misma sinónimo de queso. En Francia las palabras *tome* y *tomme* designan diferentes tipos de productos. En Piemonte *toma* y *tomino* son prácticamente dos marcas registradas en materia quesera, pero la palabra, sorprendentemente, reaparece en el extremo sur de Italia, tanto en Calabria y en Basilicata como en Sicilia, en los quesos *tuma*, *tumazzu*, *tuma ammucciata*, son realidades cuyos orígenes no pueden sino estar ligados a los quesos piamonteses y franceses.

Pecorino, Sardesco: quesos de leche de oveja[6].

Ravagliuoli: *raviggiolo*, queso fresco blando de leche vacuna o mixta que hoy mismo se produce en los Apeninos de Emilia Romaña y Toscana.

Marzolino, queso ovino toscano, de consistencia media. Se llamaba así porque su producción se iniciaba en el mes de marzo, con la llegada de la primavera.

- ***Frutas***

Aceitunas, duraznos, higos frescos y secos, distintos tipos de uvas, dátiles, peras y demás pomáceas, alcauciles, cardos, *sbergie* (variedad de durazno), damascos, berenjenas (las entonces inclasificables "berenjenas" estaban entonces comprendidas en esa categoría). Membrillos, granadas, nueces, avellanas frescas y secas, ciruelas frescas y secas, guindas frescas y secas, cerezas de varios tipos, frutillas, serbales, nísperos, zanahorias, trufas, frutas en vinagre, castañas de agua.

- ***Ensaladas, verduras, legumbres, hierbas***

Ensaladas de lechugas varias, endivias, flores de grelo, hierbas silvestres, canónigos, estragón… Alcaparras, algarrobo, espárragos, cebollas, sandías, pepinos, menta, flores de borraja, de buglosa, de menta, de romero, nabos, cidros. Raíces, rabanitos, rábano, remolachas, ajo, puerros, chalotas, arvejas en vainas.

[6] Con relación al que hoy se conoce como *pecorino sardo*, léase el artículo *Del queso sardo que no es sardo al queso pecorino romano que no es romano pero sí sardo.* En La Instigadora Culinaria 30/11/2019. https://lainstigadoraculinaria.wordpress.com/2019/11/30/

Nabos, radichos, coles, lechugas, brócolis, coliflores; Espinacas, verduras varias, calabazas. Hinojo y *finocchietto* fresco, y seco, y en vinagre.

Arvejas, porotos, garbanzos blancos y rojos, vainas, almorta fresca y seca, y en parte triturada, o habas trituradas.

Perejil, tomillo salvaje, mayorana, menta, romero, albahaca, salvia, laurel y otras hierbas y chirivías.

• *Varios*

Limones, granadas, harina de espelta, sémola, pastas secas de Nápoles, *sosomeli* (bizcochos napolitanos de miel y especias).

• ***Condimentos, especiería y otras delicadezas de botica***

Aceite para ensaladas y para cocina y lámparas, sal gruesa y fina blanca.

Mazapán entero y en trozos de varias formas y con bizcochado, y en parte dorado.

Turrón de piñones y de pistachos, pastillas digestivas, bizcochos de miel, *panpepato* de azúcar y de miel. *Ácimos de hebreos*, golosinas de monjas, *berlingots* (algo así como los que se siguen haciendo hoy en Carpentras, Francia), imitación de frutas hechas con azúcar.

Cidros, cáscaras de limón, de naranja, de limoncitos, raíces de lechuga, dulces de sandías, de zapallo, de peras, almendras, nísperos y otras frutas en almíbar y cubiertas de azúcar.

Canela, pimienta, *Piper longum*, *Aframomum melegueta*, jengibre, clavo de olor, nuez moscada, macis, azafrán entero y molido, especias finas por separado y mixtas, mieles.

Frutos secos: Almendras, pasas de uva, piñones, pistachos, avellanas.

- *Confitería*

Grajeas de canela, de naranjas, de semillas de melón, piñones, pistachos, almendras, avellanas, coriandros confitados, aníes confitados, confites blancos, con almizcle y sin y almendrado.

Se mencionan *Coppette* y *Toroni*, que es difícil establecer sus diferencias, porque ambos eran turrones.

Calisoni, que debían ser algo parecidos a los *calisons* provenzales contemporáneos.

Mostazzoli, bizcochos de miel.

- *Conservas*

Dulces y gelatina de membrillo, guindas en almíbar y frescas, cubiertas de azúcar y ciruelas en almíbar, dulce de membrillo genovés, dulce de peras.

Mostardas (que no hay que confundir con las "mostazas"): eran unas reducciones de frutas a las que sí se agregaban semillas de mostaza (*Sinapis alba*), que hacían a base de membrillos, guindas, cornejos (*Cornus mas*) que se usaban para resaltar el sabor de las carnes hervidas. Hoy los distintos tipos de *mostarde* se siguen elaborando en el norte de Italia como especialidades locales[7]. Azúcar grueso y fino, azúcar cándido, entero y molido.

- *Aguas*

Agua azucarada, clarea, hipocrás, agua rosada, con almizcle y sin. Agua de azahar, y otras aguas olorosas para las manos.

[7] Véase el artículo: *Mostaza*, en *La Instigadora Culinaria* del 18/03/2017. https://lainstigadoraculinaria.wordpress.com/2017/03/18/mostarda/

20. BANQUETE

Se celebraba la boda del intendente del pueblo, allá por agosto del '88, y todos estábamos invitados a la fiesta, incluso los forasteros que nos encontrábamos allí ocasionalmente, como mi padre –que había vuelto de visita después de muchos años de emigración–, mi madre y quien aquí suscribe. Mis padres decidieron no asistir; a mí tampoco me entusiasmaba la idea de pecar de intrusa, pero mi prima Elvira estaría presente, y ella insistió tanto que al final me acoplé a ella.

Después de la ceremonia religiosa, que tuvo lugar en la basílica del pueblo, unas cien almas partimos en caravana para disfrutar del festín, preparado a unos 60 km de allí, en la ciudad de Pizzo Marina, a orillas del mar. No recuerdo bailes, ni trencitos, ni carnavales cariocas de aquel día, pero el banquete quedó sellado, indeleble en mi memoria. Lo primero fue una recepción con buffet y una variedad de *antipasti*. Una vez sentados a las mesas, se sirvió un plato de pasta con pescado, que estaba delicioso, pero me pareció poca cosa en comparación con los lomos que en Argentina se estilaba dar como plato principal. Supuse que esa pasta era el plato fuerte y que luego se serviría el postre; no podía imaginar que ese era solo el primero de una serie de otras seis pastas diferentes, armonizadas con otros pescados y frutos del mar en distintas preparaciones. A continuación, llegaron los *secondi* (que en Italia suelen ser carnes servidas tras las pastas), pero en este caso consistieron en un desfile de otros siete platos de pescados y mariscos, cada uno acompañado de ensaladas o verduras cocidas. Así es, más o menos, como se sigue sirviendo un banquete de bodas en el sur de Italia. El trío cómico The Jackal parodió esa situación con todos sus bemoles, que por exceso rayan en el drama. El video está disponible en YouTube bajo el título *Sopravvivere a un matrimonio d'estate*, o sea "cómo sobrevivir a un casamiento de verano"[1]. Puedo afirmar que la realidad supera con creces la ficción.

Revisando las crónicas de los banquetes italianos del siglo XVI, se advierte que los rituales festivos de la vida contemporánea no son más que reflejos y supervivencias tanto de la estructura como de la exuberancia de aquellos antiguos convites. Esencialmente no mucho cambió. Rupert de Nola, que catalán o napolitano que fuese –no lo sabemos–, habiéndose desempeñado en la corte napolitana, dejó tempranas bases escritas de lo que debía contener un banquete: *"primero se sirva una fruta, luego un potaje, tras él lo asado, después otro potaje, luego lo cocido y para terminar la fruta de sartén y la otra fruta"*[2]. Más tarde Rossetti redondeó el concepto al decir que "Si no contiene [por lo menos] un servicio frío, dos calientes, fruta y confituras: no es banquete". El esquema que solía repetirse en sus convites era el siguiente[3]:

Primo seruitio di Credenza, Primer servicio del buffet, frío

Secondo servitio di Cocina, Segundo servicio de cocina, caliente basado principalmente en hervidos y potajes

Terzo Servitio, Tercer servicio, de grillados

Y luego podían seguir con un cuarto, quinto, sexto, séptimo servicios, e incluso muchos más. La secuencia ordinal se concluía con el de las frutas en el anteúltimo puesto, y se remataba con un paso dulce al final, que vendría a ser el postre. Estos dos últimos pasos (frutas y postre), salvo excepciones, no se mencionaban con numeración ordinal como el resto de los pasos.

Los primeros servicios arrancaban con ensaladas, se sumaban luego los pasteles, fríos o calientes, después los guisados, tras ellos los asados, las frituras, con sus correspondientes guarniciones. A medida que el servicio empezaba a promediar, iban mermando las carnes y apareciendo elementos que eran distintivos de los pasos finales, como por ejemplo las ostras y las trufas, ambos preludio del inicio del cierre.

[1] The Jackal, Sopravvivere a un matrimonio d'estate.
https://www.youtube.com/watch?v=tGxk5nK6lWo

[2] RUPERTO. P. VIIIt/14v.
Por frutas no se entiendan las de los árboles sino "platos". *Frutas de sartén*, por su parte, son las frituras.

[3] ROSSETTI. P. 45.

Junto con las frutas se servían también otros ingredientes que hoy no englobaríamos en esa instancia, tales como vimos en el capítulo anterior: olivas, alcauciles, cardos, hinojos... además de una dupla que en cambio sí permanece unida hasta hoy: fruta + quesos.

El azúcar estaba presente en todos los pasos, pero al final de la comida se convertía en absoluto protagonista.

Aquella forma del siglo XVI de llamar a los primeros servicios con números ordinales permanece en la denominación de pasos actual en Italia con los nombres de "*primo e secondo*", aunque sus contenidos hayan mutado. El *antipasto* es el paso que los antecede, palabra que ya aparece en los menús del siglo XVII, donde *pasto* significa "comida", y que hoy como ayer representa un servicio frío de apertura. El *primo piatto* italiano se constituye hoy con una pasta, o risotto, u otra comida a base de cereal. El *secondo piatto* lo conforman las carnes o pescados, cada uno siempre escoltado por sus acompañamientos vegetales. Luego sigue la *fruta*, que aunque la digamos en singular se usa como genérico, conservando su génesis latina; y para el final, *il dolce*.

En los antiguos menús de banquete de los días de magro, en los que estaba vedada la carne, pero tenía vía libre el pescado, paradójicamente la cantidad de pasos se multiplicaba. Es como si el imperativo de abstinencia los hubiese impelido a una gulosidad exacerbada, mayor al de los tiempos en los que la carne estaba permitida. Salimbene de Parma reprobó severamente la actitud del Patriarca de Aquileia, a quien para atravesar religiosamente el ayuno de cuaresma se le había ocurrido hacer preparar cuarenta manjares a base de pescado para la primera jornada, quitando un manjar por día, hasta llegar a la Semana Santa con un quasi-ayuno... muy hipócritamente correcto.

Los repertorios de convite conservaban una simetría, respetando la misma cantidad de platos para cada servicio, aunque ese número era variable, según la categoría de la celebración.

Los pasos de comida tenían el nombre de *vivande* en Messisbugo, y luego *portate* en Rossetti, nombre útil y específico, que se mantiene aún hoy para designar los mismos en Italia. El esquema de platos de Rossetti a grandes rasgos se repite en los demás autores de su tiempo, aunque cada uno con su estilo y propias peculiaridades.

Jerarquías

> No hacer como algunos obispos, que se quedan en casa a beber y comer, y no invitan a nadie, y si hay quienes festejan con ellos, el obispo bebe el mejor vino y a los otros dan el malo. O bebe el obispo y los demás no, cuando los demás beberían de buena gana, porque todas las gargantas son hermanas.
>
> SALIMBENE DE ADAM[4]

Si todas las gargantas eran hermanas, los estómagos no: imperaba la creencia en que el alimento de alto rango no era conveniente para la digestión de una persona rústica. Así lo reflejaba Giulio Cesare Croce en el personaje de Bertoldo, hombre vulgar y tosco, quien habituado a comer nabos y porotos, encontró la muerte cuando le ofrecieron comer alimentos prestigiosos, a los que no estaba habituado y que le resultaron letales[5]. Lo convencional era que los manjares más preciados se reservaran para las mesas principales, decreciendo en nivel a medida que la distancia de los dignatarios se ampliaba.

Banquete de Alfonso de Este y Bárbara de Austria

Como ejemplo de gran banquete, traemos un convite organizado por Rossetti en Ferrara para la boda de Alfonso II da Este y Bárbara de Austria[6]. Es el mismo cuya ambientación ya vimos en *Trionfi da tavola*, basada en los motivos de mar con monstruos marinos, temática que a pesar de la frenética exploración de los mares por parte de los europeos de ese tiempo, seguía significando una obsesión recurrente. Las representaciones ornamentales se reflejaban en la exhibición de los platos que eran servidos. Aquí va el detalle.

[4] Barbero, Alessandro, Conferencia sobre Salimbene da Parma en Festival della Mente, Sarzana 2011. https://www.youtube.com/watch?v=j3Ozs29miSo&list=WL&index=1
A partir de 44'.

[5] Croci, Giulio Cesare – Bertoldo, Bertoldino e Cacasenno – Agostino Savioli, Venezia. 1772. https://play.google.com/books/reader?id=CPGxJ5GheQ8C

[6] ROSSETTI. P. 425.

Primer servicio frío.

Terneros enteros asados, con incrustaciones a la francesa, con cabezas, y patas y rabos de monstruos marinos, en platos de madera plateada, solo en la mesa larga de los Príncipes, pero sean bien visibles.

Pavos asados con patas, ubres y rabos de masa que aparentaban ser monstruos marinos.

Capones envueltos en masa todos floreados, también con cabeza, pies y colas de los mismos [monstruos marinos], pero variados.

Perdices en pan a la francesa, el pan todo dorado, y trabajado como una caperuza.

Pasteles de ternera de falsos peces, todas con escamas de oro.

Salames enteros, dorada la cáscara y con escamas, con pies y cabeza de masa.

Caviar en molde, también decorado con motivo marino.

Bola llena de mazapán simulando un falso pez.

Manjar blanco en ciertos caracoles de masa de *mostazzuoli* [tipo de bizcocho].

Gelatina turbia, con pavo debajo, que parecían vieras.

Truchas *in bianco*[7], con hojas de cedro doradas.

Doradas [Sparus aurata] a la plancha, con cabeza y cola doradas.

Carpioni [salmónidos] con hojas de laurel doradas.

Rodaballos grandes fritos con mostarda.

Lubinas grandes en pastel, doradas y verdes.

[7] *In bianco*: El concepto de la comida *in bianco*, es decir, "en blanco" fue cambiando a lo largo de la historia. Hoy si hablamos de una *pasta in bianco*, nos referimos esencialmente a una pasta que no lleva tomates y que lleva en cambio un condimento claro, que no le altera su color de base, pero en el s. XVI, y a pesar de que el europeo ya había llegado a América, el tomate era –y siguió siendo por mucho tiempo– un total desconocido de la gastronomía. Si decían que la trucha era "*in bianco*" estaban indicando que estaba hecha con ingredientes que podían estar presente en un manjar blanco, básicamente lácteos, almidón y almendras. Mucho más tarde, a fines del s. XVIII para Francesco Leonardi, por ejemplo, *in bianco* podía usarse para distinguir una bechamel del tostado de un roux. En general si uno hoy habla en *mangiare in bianco* a lo que se refiere es a estar a dieta, pero una dieta restrictiva de alimentos irritantes ante un problema digestivo o gastrointestinal.

Ensalada de endivia, ensalada de lechuga, ensalada de brotes.

Se sirven terneros "incrustados" a la francesa. Se usa el verbo, *impilottare*, que ya no aplica en italiano, y cuya técnica consistía en marcar la pieza con hendiduras y en ellas incrustar ya fuera panceta, jamón u otros chacinados, o también frutas glaseadas, creando una cobertura.

"A la francesa" es una forma que se va mencionando cada vez más, lo cual habla de la ya creciente influencia de esa corte real en los banquetes. Difícil determinar cuál era la forma a la que se aludía, ya que distintas preparaciones podían corresponder o bien a distintos modos de hacer en el país galo, o bien a lo que en Italia evocaba una forma de hacer francesa, aunque en realidad no siempre fuese estrictamente así.

Se exhibían pavos asados, capones recubiertos de masa, perdices empanadas, todos engalanados por esculturas realizadas con masa que los convertían en alegorías de monstruos marinos. Los pasteles recreaban la forma de peces, con escamas de oro, oro comestible, como vimos en el capítulo de *Vergel de Señores*. Asimismo se doraban las falsas escamas hechas con cidro, las cabezas y colas de los besugos, las hojas de laurel que cubren las carpas, los pasteles de lubina…

Por otro lado, los caviares, los manjares blancos, las gelatinas de colores, eran a su vez moldeados en estampas, repitiendo los mismos motivos de ornamento.

Los rodaballos se servían fritos y con *mostarda*, que –como dijimos– en Italia no es mostaza (*senape*), sino unas preparaciones que tienen la intensidad de la mostaza, pero diferentes. Las ensaladas no podían faltar: de endivia, de lechuga, de brotes.

Segundo servicio, caliente, todo asado.

Pollos de India

Pasteles de mortadela de hígado

Perdices asadas

Torta de manjar blanco

Salsa real

Pollitos pequeños

Zorzales

Pequeños conejos

Hortalizas

Entrañas y leche de lucio [pescado]

Sardinas fritas

Albóndigas de lucio

Anchoas fritas

Molecche [crustáceos incipientes que todavía no tienen caparazón]

Truchas pequeñas

Navajas en hojaldre

Fiadoncelli [especie de empanadas o pasteles con queso] de pasta real, con pasta de pistacho

Pasteles en forma de peces, dorado, y envueltos en *sumata* [fiambre elaborado con ubre vacuna]

El segundo servicio es "caliente, todo asado" y constituido especialmente por volátiles. Aparecen los *pollos de India*, es decir los pavos, que eran la gran novedad llegada desde América, y que inmediatamente hizo pie en todas las cortes. En Francia fueron llamados *dindes*, porque provenían *d'Inde*, es decir "de India", aunque se trataba de las Indias Occidentales.

Perdices, pollitos, tordos; conejitos, hortalizas, todo combinado con pescados y demás frutos de mar: tordos, conejitos, hortalizas, entrañas de pescado, anchoas, cangrejos, truchas.

Mil hojas, pasteles de mortadela de hígado, y otros, torta de manjar blanco, salsa real, que era *agridulce.*

Tercer Servicio.

Lomo de ternera, con rodajas de cidro

Brochetas de cordero, con rodajas de limón

Grandes pavos reales con naranjas

Cigotti de cordero con salsa francesa

Pollos
Faisanes
Pájaros
Dentones [pescado] al espiedo, incrustados con anguilas
Truchas al horno
Lubina partida frita, y vuelta a cocer a la grilla
Esturiones fritos
Rodaballos fritos
Corvallos grillados
Torta de obleas
Mostarda dulce
Corvallos con su salsa
Codornices

Este tercer servicio es seguramente frío, con ternera, cordero, pavos, faisanes, *becasse* (Scolopax), pescados y tortas saladas. Se mencionan *cigotti*, que podríamos bien traducir como "gigotes", pero en este caso se trataba de carnes guisadas a la manera de los gigotes españoles (y no del *gigot* francés, que es un pernil), servidas frías con alguna salsa cítrica u otro ácido.

Cuarto Servicio
Pasteles de alcauciles
Pasteles de trufas, en platos
Trufas
Alcachofas cocidas con mantequilla
Alcachofas a la parrilla
Pasteles de ostras
Ostras a las brasas
Vieiras
Crustáceos
Cangrejos

Bueyes de mar [crustáceos]
Navajas
Peverazze [*vongole*, almejas]
Berberechos
Vieiras a las brasas
Vieiras con aceite a la sartén
Naranjas partidas
Cidros en rodajas

El cuarto servicio viene a "suavizar" la secuencia con un remanso de alcauciles, trufas, ostras, vieiras, crustáceos, en distintas versiones; con naranjas y con cidros. A continuación llegarían las frutas y los dulces, pero los veremos en detalle en el próximo capítulo.

En este gran convite las grandes ausentes son las pastas, y no es que no existieran; para ese entonces estaban establecidas en Italia, sin embargo en los banquetes, si bien figuran, carecen de centralidad, y mucho menos de omnipresencia, con una larga trayectoria por recorrer en los siglos por venir.

21. SOBRE EL ÚLTIMO MANTEL

En el momento en el que promediaba el desfile de platos de carne o de pescado, se esperaba que el cierre fuese tan rimbombante como el debut, como en una obra de teatro: con un inicio deslumbrante, con un in crescendo y un desenlace no menos impactante. Como dijimos, el preludio de ese colofón era *la fruta*, servicio que antecedía al de *los confitados*, quedando con ellos generalmente interrumpida la secuencia ordinal con la que llamaban a los anteriores pasos: *primo, secondo, terzo,* etc.

La fruta se presentaba en la mesa tanto en su estado natural como en conserva, con vino, en tartas, en tortas, junto con quesos y trufas. En una de las tantas mesas de banquete de Rossetti podemos, por ejemplo, encontrar: *latto miele* [crema batida], *cialdoni* [obleas], gelatinas coloreadas, manzanas, peras, uvas, pistachos, cardos, piñones, trufas, alcauciles, *marzolini di Pesaro* (queso), peras bergamotas, pastelitos, *grostata* [*crostata*, tarta], *puina* [ricota], hinojos, castañas, uva, olivas, queso *tomino* deshecho sobre fetas de pan frito, peras en vino, membrillos. Se observe que en español, así como en italiano, utilizamos la palabra *frutta-fruta* en singular, como genérico. Podemos también decir en español con el mismo sentido *las frutas*, pero *fruta*, en singular, era ya desde el latín *fructa* el plural colectivo de *fructum*, colectivo que seguimos aplicando en las lenguas latinas.

Tras la fruta, se anunciaba en tono usualmente solemne, la llegada de *los confitados*. En ese punto se exhibía la pureza del último mantel:

> Quitado el mantel, que era todo floreado, después de haber dado agua a las manos, quedó al descubierto un mantel todo labrado con flores, y aves, hecho con gran destreza de Giulio Bianchino[1], y fue puesto lo

[1] ROSSETTI. P. 54.
Aunque no conozcamos la biografía de Giulio Bianchino, por su mención explícita podemos deducir que se trataba de un diseñador de blanquería relevante y célebre, comparable a mencionar hoy en una revista de decoración una mantelería firmada por Giorgio Armani.

siguiente sobre la mesa con grandes sonidos de trompetas, tambores y artillería, y así siempre todos los almuerzos y cenas, fueron adornados con mirtos dorados, plateados y floreados:

Membrillos de Génova
Dulces en almíbar
Ciruelas con dulces de Génova
Almendras confitadas
Coriandros confitados
Avellanas confitadas
Semillas de melón confitadas
Anís confitado
Canelitas de Bérgamo
Canela gruesa confitada
Dulce de membrillo en cajas
Turrones
Mermelada
Pistachos
Spongardine [masas de pasta frolla rellenas]
Persicata [duraznos abrillantados]
Duraznos confitados de las monjas
Pasta real [de almendras].

Sobre el candor del mantel postrero, eran expuestos los más vistosos platillos del entero banquete, maravillas de azúcar blancas o de colores, o doradas y plateadas, que recreaban un miríada de figuras, de fantasías dulces que fulguraban en la suntuosa vajilla. Si prestamos atención, la mayoría de las pinturas de mesas de la época, están focalizadas en estos momentos de la comida, y no era casual: debía ser entonces cuando la mesa se vería más digna de ser retratada. El azúcar era protagonista omnipresente; hasta la vajilla misma podía ser enteramente elaborada con pastas de azúcar. Venecia contaba con la mejor escuela en ese arte, y su efecto ilusorio en la mesa era inigualable; resultaba imposible distinguir entre fantasía y realidad.

Dada el agua a las manos, se quitó el mantel y se trajeron las Confituras con la habitual alegría

Primero siete estatuas de varios gestos de Octavio y tres a caballo hechas de azúcar en Venecia

Pajaritos de azúcar hechos en Venecia

Sandías de Venecia

Carne salada de azúcar de Venecia

Salames de azúcar

Mermelada

Piñones garrapiñados

Semillas de melón confitadas

Dulce de membrillo de Portugal

Gratura de cidro [ralladuras de pastas de azúcar, generalmente genovesas]

Alcachofas hechas de azúcar[2].

Si se menciona que el dulce de membrillo era portugués es porque esa procedencia prometía una sapiencia proba en las facturas de objetos de azúcar, mazapán, pasta real y frutas dulces. En *Il Trinciante*, Cervio cuenta que para un banquete:

> Se entregaron servilletas perfumadas a cada uno. Veintitrés copas de plata dorada, y en cada una había un hermoso y gran cardo hecho de azúcar que estaba de pie en la copa con un glaseado color tierra que parecía haber nacido en aquella copa, y cada Cardenal tomó una copa con su cardo, y yo tomé una para la gloriosa memoria del señor cardenal Farnesio que fue colocada una y otra vez en su mesa, tanto que deleitaba la vista, y el sabor del Cardo, que en verdad era una cosa extraordinaria que no fue más vista, fue hecha por un viejo inventor portugués de muchas otras hermosas confecciones y dulces secos, y glaseada con azúcar, según la costumbre de Portugal.

[2] ROSSETTI. P. 89.

En esa ocasión además se sirvieron: "Todo tipo de frutas, confituras secas, glaseados de azúcar al estilo portugués. Toda suerte de cáscaras y raíces en almíbar. Todos los tipos de confituras, comenzando con confites suaves y moscados del tamaño de balas medianas de ballestas, continuando hasta los canelones {dulces} de Bérgamo en gran número. Todo tipo de dulces de membrillo, dulces de duraznos, mermeladas, frascos de vidrio de Roma, Portugal, Nápoles, Génova, de Bolonia en grandes cantidades"[3].

Nótese la mención del lugar de origen italiano de cada uno de estos dulces, donde se desarrollaron especialidades y maestrías no replicables fuera de sus ámbitos. Los relatos de final de banquete solían tener un aura de zénit del ceremonial.

> Después de quitar la fruta, y dada el agua a las manos y quitado el mantel, se colocaron sobre la mesa las *confettioni*, que eran once vagones de pasta portuguesa. Sobre ellos había una figura representando la Victoria, y la misma era de mazapán, seguido de cinco figuras encima de varios animales de la carroza hecha en masa, y figuras como la anterior, que eran una Semíramis, Támiris, Pentesilea, Thalestris y Zenobia[4].

Aquí se menciona *confettioni*, que era la denominación de ese paso, pero a veces ni siquiera se nombraba. De esa omisión tal vez haya derivado la falta en la lengua italiana de un nombre que le sea propio para este paso que hoy lleva el vago nombre de *dolce*. La palabra *postres*, en castellano, es mucho más sugestiva. El *dessert* francés, por su parte, proviene del verbo *desservir*, "retirar el servicio".

Confettioni es la palabra que dio origen a *confetti*, *confites*, y tiene el mismo origen que *confección, confeccionar*, *hacer*. Curiosamente, un origen etimológico paralelo tienen las *facturas* argentinas, masas de panadería de *factura* cotidiana y fresca, perecedera al promediar el día, como el pan. Las *facturas*, como vemos, son etimológicamente un préstamo de *hechuras*, *confecciones* también ellas, como los confites.

[3] CERVIO. P. 108.
[4] ROSSETTI. P. 50.

Obsequios y otras cortesías del final

> Aunque se trate de una pequeñísima cosa, no es lícito que una noble Dama esconda algo en su pañuelo o ponga algo entre sus mangas para llevárselo a casa.
>
> –VINCENZO NOLFI[5]

Ese impulso de fin de fiesta que induce a querer llevarse a casa las sobras de lo que no se pudo disfrutar en el momento, pero que el estómago agradecerá con ansias al día siguiente; o esa tentación irresistible de adornar el hogar con un segmento de la decoración temática de la fiesta (como los centros florales de mesa, por ejemplo), son pulsiones que existieron desde siempre. Y porque el anfitrión sabe que esto es así, y porque no hay mayor satisfacción que ver a los invitados marcharse con las manos llenas (además del estómago), pero sin que ello implique una verdadera pérdida de bienes por sustracción, es que nació esa dádiva de final de fiesta, que sería aquello que hoy en Argentina llamamos "souvenir", "detalle" en España y "bomboniera" en Italia. Los obsequios podían ser de diversa índole, según quién fuese el anfitrión, quiénes los invitados y el tenor de la celebración.

Guantes

> Un ciudadano, por más mal vestido que esté, mientras tenga guantes será diferente de un campesino, y sin éstos no podrá civilmente cabalgar, ni usar armas, ni espada.
>
> –VINCENZO TANARA[6]

Era costumbre obsequiar guantes perfumados a los invitados después del lavado de manos final, como regalo infaltable del final de mesa. Esos símbolos de distinción social eran presentados junto con las confituras. En ellos era posible enfundar las manos y ocultar definitivamente todo atisbo de

[5] Nolfi – Op. cit. P. 392.
[6] Tanara, Vincenzo – L'economia del cittadino in villa, Bologna, 1648. P. 147. https://play.google.com/books/reader?id=XrFMCkEAZN8C

resto de comida. Podían ser de seda o de pieles, ricamente bordados y hasta ornados con piedras. Vaselli describe así su presencia en uno de sus banquetes: "Se pusieron {sobre la mesa} diez platos intercalándolos con varios tipos de dulces, sobre los cuales había flores de seda y yeso y con guantes de adobo de ámbar para cada uno"[7]. Vincenzo Cervio refiere una particular entrega de guantes cuando promediaba un banquete, con una imagen que hoy nos provoca estupor, pero otra era la normalidad del pasado: "Fue servido un pastel con un niño dentro, disfrazado de moro, teñida la cara y las manos, vestido con un disfraz de tafeta roja escotada a la morisca, con un hierro de esclavo al cuello, que riendo y saliendo del pastel presentaba a todos los invitados un costosísimo par de guantes de ámbar de 25 escudos el par"[8].

Tal era la importancia de los guantes que podríamos decir que la historia de la perfumería francesa de Grasse está estrechamente ligada a ellos. Antes de convertirse en la capital del perfume, Grasse era una urbe que debía oler bastante mal debido a sus numerosas curtiembres, dedicadas precisamente a la producción de guantes de cuero. Los cueros destinados a revestir las manos debían estar, ante todo, muy bien curtidos y luego incluso perfumados. La técnica de tratamiento del cuero con esencias aromáticas era conocida antiguamente en español como "adobo". El cuero se sumergía en aceites o se frotaba con un ungüento perfumado; después, se secaba y se dejaba reposar para que el aroma penetrara profundamente en el material. Este proceso podía repetirse varias veces para intensificar la fragancia, además de suavizar el cuero y hacerlo más flexible y cómodo de usar. Además, se creía que las fragancias tenían propiedades medicinales que protegían contra enfermedades, especialmente en tiempos de peste.

Las esencias más utilizadas en ese tiempo eran exóticas y llegaban desde muy lejos. Sin embargo, en Grasse podían echar mano a recursos naturales que manaban de esa tierra como en ningún otro lugar: los aceites florales. El cultivo de flores se vinculó inicialmente con las curtiembres, para luego independizarse y afianzarse en la perfumería. Muy probablemente, el gran impulso a esta actividad fue dado por la presencia en Francia de Catalina de Médici, como veremos en el próximo capítulo. Pero si bien las esencias florales

[7] Vasselli, Op. cit. P. 101t/84v.
[8] CERVIO. P. 93.

eran imprescindibles, los principios perfumeros utilizados para perfumar los guantes eran exóticos, y principalmente de origen animal: almizcle y ámbar.

Almizcle

> El almizcle es el arquetipo mismo del Perfume (...). Era el olor de reyes y emperadores y el común de los mortales solo podía olerlo en la estela de los poderosos de la tierra.
>
> –Abdes Salaam Attar

Marco Polo mencionó el almizcle en *Il Milione* como una exótica rareza. Cuenta que atravesando Cachemira observó una gran abundancia de los particulares ciervos que producen esta preciosa sustancia olorosa. Describió al animal del cual se extrae la glándula como una pequeña bestia parecida a una gata, de bello aspecto, con cuatro grandes dientes frontales, dos arriba, y dos debajo, de tres dedos de largo[9]. El ciervo en cuestión es el *Moschus Moschiferus*, animal que habita en el Indu Kush e Himalaya, cuyo macho produce la materia prima en los pliegues del bajo vientre. Hoy la especie se encuentra amenazada.

La palabra *almizcle* delata su visible origen árabe, *al-mizcle*, en italiano *muschio*, homónimo de *musgo* en esa lengua, término también ligado justamente a la perfumería, lo cual puede crear algo de confusión. Más que *almizcle*, puede ser que hoy resuene más su nombre en francés, *musc*, o en inglés, *musk*, gracias a la familiarización con diversos productos de la perfumería. Su olor es al mismo tiempo animal y afrodisiaco, pero también espiritual: según los musulmanes, el Profeta y los santos no emanan olor a rosas sino a almizcle, un olor tan potente que trasciende incluso a través de recipientes cerrados[10]. Por su protagonismo e importancia, se han buscado las notas de su estructura química en otros elementos de distintísimas índoles, cuyos aromas remiten al original. En algunos casos se trata de glándulas de otros animales tales

[9] Wikisource, Pagina: Polo – Il milione, Pagani, Firenze 1827, I. djvu/275
https://it.wikisource.org/wiki/Pagina:Polo_-_Il_milione,_Pagani,_Firenze_1827,_I.djvu/275

[10] Abdes Salaam Attar, La Via del Profumo
https://profumo.it/il-muschio-animale/

como la rata almizclera, el castor, el pato almizclero, entre otras especies. Pero también vegetales, como la angélica, *Angelica archangelica* y además *Mimulus inoschalus*, *Olearia argophylla*, *Hibiscus abelmoschus, Abelmoschus moschatus*, etc. Precisamente en el epíteto *moschatus* de este último nombre científico hallamos la revelación del porqué de tantos nombres de nuestro repertorio culinario, tales como: *nuez moscada, rosa mosqueta, uva moscatel, vino moscato,* que fueron llamados de esas formas por evocar el almizcle. También el *moscardino* o *pulpo muschiato* (*Eledone moschata*) es un octópodo del Mediterráneo, apreciado en gastronomía por los mismos motivos. Todo remite a la sustancia madre. Tal fue la importancia de su manipulación que los boticarios de Venecia pasaron en un momento a ser llamados *muschiari*, aunque luego esa identificación se extinguió[11].

Hubo otro elemento de origen animal significativo en la perfumería, de antiguo uso entre los árabes, era la *algalía* (*zibetto* en italiano) obtenida por, secreción de las glándulas perianales del *Civettictis civetta*. Su olor agudo también remite al del almizcle. En ese caso, para la extracción del elemento, no se sacrifica al animal, pero sí se recurre a su sometimiento.

Ámbar

> Tiene el Ámbar grandes virtudes y sirve en el mundo para muchas cosas, y así es cosa de mucho precio, que el bueno vale hoy más que dos veces el oro finísimo. Para el contento humano, y para las delicias del mundo (...) con ella se adoban Guantes de muchas maneras, y se hacen olios y licores de suavísimos y delectables olores; sirve para los manjares y para las bebidas, en diversas y varias formas, que sería relatarlas largo proceso.
>
> –Nicolás Monardes[12]

El ámbar gris no es otra cosa que una regurgitación del cachalote que flota libre en las costas marinas. No es necesario el sacrificio del animal, ni

[11] Fioravanti, Leonardo – Dello specchio di scientia vniuersale, Venezia, 1679. P. 152t/155v. https://play.google.com/books/reader?id=tp_gWeRBbQUC
[12] Monardes. Op. cit. P. 94t/175v.

tortura alguna para su recolección, pero mayormente es sustituido hoy por sustancias sintéticas. Ámbar y almizcle comenzaron por ser usadas por sus principios terapéuticos y sus fragancias, pero poco a poco terminaron por introducirse directamente en la culinaria, sobre todo a partir del siglo XVII, donde no es raro encontrarlos incluidos en las preparaciones, como si se tratara de especias. Con el avenimiento del apogeo de la cocina francesa, su uso se perdió. Desconozco si hoy podríamos directamente considerarlos aptos o no para el consumo humano.

Receta de un adobo para guantes

Extraemos esta receta para curtir guantes, una de las tantas que atesora el *Libro de los secretos* del reverendo Don Alexo Piamontés.

> Tomen los guantes, y vuélvanos, y unten les las costuras con aceite de jazmín, u otro aceite oloroso, y han de ser los guantes de carbón, porque de ternero no son buenos. Después lávenlos –si hieden– con buena malvasía y después con agua de azahar, y exprímanlos bien, y después déjenlos remojar en agua almizclada dos días y dos noches, y enjúguenlos en la sombra sin exprimirlos. Tomen después polvos de Chipre buenos y buena pomada, de cada cosa dos escrúpulos; aceite de flor de cidro, aceite de benjuí, aceite de jazmín, de cada cosa medio escrúpulo; almizcle y ámbar; de cada cosa cuatro granos[13]. Majen toda cosa junta y con esta composición en el fuego úntenlos del envés, y en el otro lado pongan la siguiente tinta. Tomen polvos de Chipre y benjuí, de cada cosa un escrúpulo; clavillos, nuez moscada y estoraque calamita, de cada cosa dos dracmas; aceite de flor de cidros, escrúpulo y medio; y un poco de aceite de jazmín, y majándolo bien, incorpórenlo. Y estando cerca del fuego, en la una parte y en la otra estréguenlos bien: después denles esta otra composición. Tomen almizcle, tres escrúpulos; ámbar y algalia, escrúpulo y medio de cada cosa; y aceite de ben, o de simiente de melones en abundancia e incorpórenlo todo. Y después unten los

[13] Según la RAE, el *escrúpulo* era una medida de peso antigua, utilizada en farmacia y equivalente a 24 *granos*, o sea, 1198 mg. Por su parte el *grano* equivalía a la vigesimocuarta parte del *escrúpulo*, o sea muy cerca de cinco centigramos.

guantes; después pónganlos entre un pliego de piel entre dos colchones y déjenlos así estar seis u ocho días; después sáquenlos fuera, y estarán perfectamente aderezados[14].

Casi un siglo y medio más tarde, Simon Barbe en *Le parfumeur royal* destina una entera sección al tratamiento oloroso de los guantes, revelando más de treinta fórmulas de adobo[15].

Palillos

> Ni le conviene [en la mesa] refregarse los dientes con la servilleta o con el dedo, ni enjuagarse la boca y escupir las enjuagaduras de ella de modo que todos le vean. Ni después de levantado de la mesa llevar en la boca el mondadientes o palillo con que se monda, a guisa de pájaro que lleva pajas a su nido, ni sobre la oreja, como barbero.
>
> –Lucas Gracián Dantisco[16]

En medio de los guantes ambarados, de los ramos de flores, de los glaseados y confitados, también llegaban a la mesa los mondadientes en buenas cantidades, una proporción de tres a uno, más o menos, por comensal. Eran labrados y perfumados, elaborados con diferentes materiales como madera, astas, huesos, marfil, plata, oro; objetos que en su diseño no debían por seguro desentonar. Es que los dientes, igual que manos y manteles, reclamaban su derecho a la higiene instantánea: la boca –nada menos– no podía quedar excluida de esa expiación, aunque fuese una ilusión superficial, mientras el estómago y el resto del aparato digestivo se debatían en una batalla dispar para asimilar el cúmulo de alimentos.

[14] Libro de los secretos del reverendo Don Alexo Piamontes, Zaragoza – 1563. P. 26t/598v. https://play.google.com/books/reader?id=R7hXAASJRb0C

[15] Barbe, Simon – Le parfumeur royal, ou, L'art de parfumer avec les fleurs & composer toutes sortes de parfums, tant pour l'odeur que pour le goût. Paris, 1699. https://play.google.com/books/reader?id=L-dQAQAAIAAJ

[16] Gracián. Op. cit. P. 107/215v.

La decepción estética se producía cuando los palillos entraban en acción ante la vista del prójimo, pero mientras el palillo era –por lo menos– un adminículo habilitado para esa función, la indignación mayor se producía cuando para el aseo de los dientes se usaba el cuchillo o el tenedor. "Es descortés hurgarse los dientes en público, y hurgarse los dientes durante y después de la comida con un cuchillo o con un tenedor: es algo completamente deshonesto y repugnante"[17]. La escena desagradable fue capturada y retratada por Paolo Veronese en Cena en casa de Leví, 1573, donde en medio de la cantidad de personajes que intervienen en la composición, puede verse un hombre en tanto que se limpia los dientes con un tenedor[18].

En el siglo XVI había entrado en vigor una curiosa moda entre las altas clases que consistía en mandar a hacer el propio escarbadientes de oro y llevarlo como alhaja colgante al cuello.

> Y quien trae colgado del cuello el escarbador de dientes no lo acierta; porque, allende de ser un extraño arnés para verle sacar del seno a un gentilhombre, es instrumento de sacamuelas, y parecen hombres muy prevenidos para el servicio de la gula; que, según esto, bien podría traer la cuchara atada también del cuello[19].

El bellísimo *Retrato de Lucina Brembati*, obra de Lorenzo Lotto, nos permite apreciar la representación pictórica de esta escandalosa tendencia[20].

Merienda-Cena de un atardecer de verano

> Luego de la cena, Su Señoría Reverendísima hizo traer una navecilla de plata cargada de collarcillos, pulseras, adornos de orejas,

[17] Courtin, Antoine de, Nouveau traité de la civilité, 1712 (primera edición de 1671). https://gallica.bnf.fr/ark:/12148/bpt6k9667552j

[18] Wikipedia, Convito in Casa di Levi. Detalle. https://it.wikipedia.org/wiki/Convito_in_casa_di_Levi#/media/File:Veronese,_Convito_in_casa_di_Levi,_1573,_03.JPG

[19] Gracián. Op. cit. P. 108t/216v.

[20] Wikipedia, Ritratto di Lucina Brembati https://it.wikipedia.org/wiki/Ritratto_di_Lucina_Brembati#/

anillos, guantes perfumados, perfumeros y otras gentilezas las cuales fueron distribuidas a los Comensales.

–MESSISBUGO[21]

Más allá de los infaltables guantes, hemos recibido diversas noticias acerca de aquellas ocasiones en las que los regalos para los invitados adquirían mayor relevancia. Una celebración organizada por Vittorio Lancellotti a principios del siglo XVII es particularmente interesante, no solo por la detallada referencia a los obsequios que estamos tratando, sino también por el tipo de comida servida. Así como se acuñó la palabra "brunch" para combinar *breakfast* y *lunch*, no estoy segura de si existe otra que ligue las dos comidas vespertinas que unen merienda y cena. En Italia, desde hace tiempo, se ha popularizado la "apericena", una bonita y sugestiva contracción de aperitivo y cena. Algo del mismo estilo conceptual debió ser la celebración de verano de 1623 documentada por Lancellotti: una "merienda y cena hechas juntas" para las damas de honor de la duquesa Margherita Aldobrandini, en el Jardín de las Fuentes del palacio en Parma del cardenal Hipólito Aldobrandini, con motivo de su onomástico el 13 de agosto[22].

El banquete fue suculento y, como era característico en el siglo XVII, estuvo notablemente marcado por el creciente uso del dorado y plateado, signos evidentes de la fiebre decorativa que impregnaba el aire del tiempo y que se reflejaba en cada plato. Otras manifestaciones del mismo tenor eran las esculturas y alegorías, creadas con los propios ingredientes comestibles, que añadían toques de inconfundible barroco a las presentaciones.

Fueron servidos en la *credenza*, vale decir los platos fríos de entrada: quesos, pasteles, huevos hilados (que a todo esto se habían puesto de gran moda), mazapanes, manjar blanco, capones, hojaldres rellenos, turrones, frituras, conejos puestos de pie y adornados con collares de perlas.

Luego un *Primo servitio* di Cucina, caliente, con palomas cubiertas de entrañas, fiambres y caldo de yemas y limón; panes rellenos, ñoquicitos de pan

[21] MESSISBUGO. P. 5t/28v.
[22] Lancellotti. Op. cit. P. 205.

cocido servidos con huevos hilados, ubres asadas y muy decoradas, salames calientes servidos con flores.

Un segundo servicio de pasteles de niños envueltos, y otras carnes, palomas, hígados de pollo, pastelitos en almíbar, aves *en croûte*, granadas.

Tercer y último servicio con lasañas rellenas de capones (todavía no había tomate que las cubriera); tortillas "roñosas" (de salame); tartas.

Al oscurecer, llevaron los candelabros a la mesa, ofrecieron agua para lavarse las manos y, levantándose, las damas se dirigieron a las cámaras del cardenal. Allí, en una gran sala, sobre una mesa enorme con mantel damascado, se encontraban cincuenta pequeñas canastas de regalo, una para cada dama, todas doradas y con el escudo de armas de la Casa Farnesio.

La mitad de los cestos-souvenirs eran idénticos, conteniendo confituras, frutas glaseadas de Génova y una estatua de azúcar encima. Los demás eran regalos personalizados para cada una de las mujeres principales. Todas las canastas incluían varios pares de guantes perfumados, además de flores, aves de seda y docenas de cordones.

En la canasta de Margherita había una corona de piedra calcedonia. En la de su hija María, un ajuar de costura, además de abanicos. La de su hija Vittoria contenía una pequeña canasta de oro y seda, en cuyo interior había un asador, una parrilla, una pinza, un trípode, un rallador de queso, un baldecito, un lavador y un set de utensilios para chimenea, todos de plata.

En la entrega de *bomboniere* de la Italia de hoy, sigue vigente ese concepto de un regalo general para todos y personalizados para los invitados de honor.

22. AGUAS PERFUMADAS

Mira poco a los ojos de las mujeres mientras comen,
Y aún menos sus manos, que les dará vergüenza.
–Francesco da Barberino, Documenti d'Amore, s. XIV[1]

Tras el interminable ágape, los comensales deberían quedar igual de indecorosos que la lencería de mesa. El protocolo de clausura del convite exigía mucho más que el simple reseteo de mantel y de ornamentos; se hacía indispensable un nuevo lavado que eliminara toda oleosidad en la piel, todo empalague o resto de comida. Manos y boca urgían liberarse y perfumarse para disfrutar de la charla de sobremesa, la danza, y demás acercamientos, más o menos íntimos.

Por eso, en esa instancia del servicio, al albo mantel y las fantasías dulces, se sumaban los perfumes, que, bajo distintas formas, llegan a la mesa para redimir la onerosa carga alimenticia en tránsito interior. Para socorrer durante ese proceso, precisamente, los confites, grajeas y dulces en general eran considerados perfectos digestivos según la medicina humoral.

La nariz sabe antes que la boca cuándo el estómago ha superado la línea de satisfacción. En ese momento cambia su canal de placer olfativo y aquellos olores que poco antes habían sido solo tentadores, se vuelven repulsivos, y en su lugar se hacen agradables los que no están relacionados con el alimento, sino con lo refrescante, digestivo o sensual. Las manos se lavaban por segunda vez con aguas aromáticas, tratando de dejar atrás cualquier olor desagradable a comida. Pero la falta de proximidad de agua corriente con jabón quizás dejaba a medio camino este proceso, y entonces era de gran auxilio la entrega de guantes perfumados para enmascarar cualquier imperfección o rastro de suciedad en las manos, que al estar enguantadas, volvían a lucir perfectamente pulcras. También las servilletas que acompañaban los

[1] Barberino, Francesco da – Documenti d'amore, 1640.
https://play.google.com/books/reader?id=8nbFdQ_RSpcC

dulces llegaban impregnadas de fragancia, al igual que los palillos para la limpieza dental.

En ese mismo acto se renovaban los cubiertos, cualquiera que fuera su tipo: cuchillo, y/o cuchara y cada vez más también el tenedor. A medida que el siglo XVI fue transcurriendo, las evidencias de que en la mesa italiana, junto con el cuchillo, se colocaba el tenedor, son siempre más frecuentes; no obstante, su uso no era ni imperativo, ni exclusivo. El hecho de que las manos fueran lavadas antes de la llegada de los dulces nos indica que el uso del tenedor aún no estaba generalizado, y que por lo tanto las manos quedaban expuestas, haciendo necesario asearlas, perfumarlas y enguantarlas. Sospecho que esa instancia de la comida en sociedad fue clave para la incorporación del tenedor en la mesa, porque una vez que el decoro de las manos era reinstaurado, nadie quería volver a ensuciarlas, y su uso para ese momento se revelaba de suma utilidad. Sobre la mesa había dulces secos, como los confites, pero también confituras, membrillos húmedos y frutas en alcohol que exigían algún recurso auxiliar que preservara los dedos.

El progresivo uso del tenedor fue directamente proporcional a la decadencia del uso de los guantes perfumados. Al ensuciarse menos las manos durante las comidas, se fueron liberando, siendo cada vez más innecesario cubrirlas. A la par de la salida de escena de los guantes, también se fueron esfumando como ingredientes de cocina sus dos adobos fundamentales: ámbar y almizcle, hasta desaparecer por completo de las recetas.

Acque odorifere

Aguas de olor en España, así como *Acque odorifere* en Italia, era una expresión compuesta, un leitmotiv que vemos repetirse al final de cada banquete, en el momento de servir las confituras, pero –aunque menos mencionadas– también presentes en el lavaje de manos inicial. Son mencionadas en todas las obras que hablan de banquetes; en el paroxismo del Barroco del siglo XVII, se ven transformadas directamente en fuentes que emanan desde las mesas. Hoy llamaríamos a esas aguas "perfumes", pero en aquel entonces, el término se refería a los vahos de fragancias que se propagaban a través del humo, de allí el nombre, per-fume, una fumigación que se hacía mediante pastillas o polvillos u otros formatos. El perfume no era por lo tanto para uso personal, sino ambiental[2].

Durante el Renacimiento, Italia se destacó por su notable difusión y excelencia en el uso y la creación de aguas odoríferas, situándose a la vanguardia en Europa y siendo reconocida por ello. Las técnicas primitivas provenían de la tradición árabe, que a su vez las había heredado de Bagdad.

A partir de la llegada del alambique a Europa a través de Avicena, la Escuela Médica Salernitana avanzó a grandes pasos en el desarrollo de las destilaciones etílicas, que en el mundo árabe se habían experimentado con alcoholes de menor graduación que el vino, como el de arroz. La destilación alcohólica practicada por los sabios de Salerno revolucionó la perfumería al reemplazar los aceites florales que hasta entonces se utilizaban como excipientes[3].

El arte de la destilación creció en manos de los *speziali*, es decir, los boticarios, quienes manipulaban no solo especias, sino también hierbas y sustancias de origen animal y mineral, tanto para uso medicinal y alimentario –íntimamente relacionado con lo medicinal– como para la higiene personal y doméstica, la creación de pigmentos para la pintura, tintes para las telas y, por supuesto, para la cosmética. Con el paso de los siglos, la cosmética cobró cada vez más importancia en un territorio como el italiano, donde la belleza era un valor altamente cotizado. Se desarrollaron entonces recursos para que una amplia alta clase aspirara a rodearse de belleza en todas sus posibles manifestaciones.

Mientras tanto, Francia vibraba todavía en otra sintonía; las necesidades estéticas allí no trascendían más que el ámbito de la realeza o de la alta nobleza. Salimbene de Parma en su libro cuenta que, encontrándose en Francia

[2] "Antes de la comida, se habrían bañado en el hammam y luego se habrían perfumado. Había perfumes específicos para las manos, la cara, el cabello e incluso la ropa, que a menudo se aromatizaban sosteniéndolos sobre incienso encendido. Una receta del libro se refiere a un quemador de incienso de bolsillo hecho de plata con filigranas que podía perfumar la ropa continuamente" P. 776. "El jabón se perfumaba principalmente con especias y agua de rosas, cualquiera de los cuales también podía aparecer en los platos que seguían" P. 821. Extraido de Perry, Charles – Scents and flavors: A Syrian cookbook, 2017.

[3] También la escuela hizo grandes avances a nivel cosmético, como puede observarse por ejemplo a través de la obra de Trotula de Ruggero, la primera ginecóloga, por lo demás, surgida de esta antigua escuela donde el rol femenino era relevante.

en su juventud, mientras aguardaba la llegada del rey fuera de la ciudad de Sens, vio a las damas salir en procesión. Al fraile le sorprendió su aspecto, pues parecían más servidoras que señoras de alta sociedad. Luego recordó que los grandes nobles de Francia residían en sus castillos, y no en la ciudad, como era habitual en Italia, donde los caballeros habitaban las ciudades. Pensó entonces que, si las damas de Parma hubieran encabezado esa procesión, la escena habría tenido una imagen muy distinta[4].

Las *acque odorifere* son mencionadas en el Decamerón, lo que nos sugiere que en ese entonces se hacía ya amplio uso de ellas en la mesa. "Y al mismo tiempo que bebían y confitaban, se reconfortaban, y la cara y las manos con aquellas *aguas odoríferas* laváronse"[5]. Las pruebas de alambique no dejaron indiferente tampoco a Leonardo da Vinci. Su *Código Atlántico* contiene una receta de perfume de rosas y lavanda, cuyos pétalos, según él, debían disolverse al mismo tiempo, en un gesto unánime, "lo que habla de la exploración olfativa de una mano sabia"[6].

Mientras Leonardo moría en Amboise (probablemente en los brazos de Francisco I de Francia), una mujer francesa daba a luz en su Toscana natal a quien estaba destinada a convertirse en reina consorte de Francia: Catalina de Medici. Catalina era muy joven cuando tuvo que partir hacia su hogar nupcial en Francia; sin embargo, llevaba consigo la impronta de todo el acervo y la sofisticada trama de la vida cotidiana florentina, de la cual no habría podido prescindir. Se cuenta que en su éxodo, fue acompañada por numerosos servidores, entre los que se contaban un pastelero y heladero, más un cocinero,

[4] Barbero, Alessandro, Conferencia sobre Salimbene da Parma en Festival della Mente, Sarzana 2011. https://www.youtube.com/watch?v=j3Ozs29miSo&list=WL&index=1

[5] "Ed un'altra volta bevendo e confettando si riconfortarono alquanto, ed il viso e le mani di quelle acque odorifere lavatesi" Boccaccio, Decameron.

https://it.wikisource.org/wiki/Pagina:Boccaccio_-_Decameron_II.djvu/182

Probablemente entre 1349 y 1351-53.

[6] Así lo afirma la Accademia di Profumo italiana "Affare odore: tò buona acqua rosa e mòllatene le mani, di poi togli del fior di spigo e fregatelo fra l'una mano e l'altra, ed è buono". Codice Atlantico, foglio 807r, vol. III.

Véase además: https://www.youtube.com/watch?v=9ayjaUdyAfE

https://www.accademiadelprofumo.it/leonardo-genio-e-bellezza/

https://www.youtube.com/watch?v=biexIWa9E2M&t=116s

https://www.accademiadelprofumo.it/profumo-di-leonardo/il-profumo-di-leonardo/

https://www.leonardodavinci-italy.it/estetica/leonardo-da-vinci-bellezza-profumo-e-capelli-doro aunque el profesor Alberto Grandi asegura que ninguno de ellos en realidad la acompañó a Francia. Sobre lo que en cambio no caben tantas dudas es que de su séquito formaba parte Renato Bianco, *speziale* controvertido que abrió una botica en Pont Saint Michel, donde cautivó con sus creaciones esenciales a toda la élite de la sociedad francesa, al punto de instarlos a explorar y crear por sí mismos, inaugurando en Francia un camino de conocimiento y amor a la perfumería sin retorno. Allí fue reconocido como *Maître René* o *René, le Florentin.* Sin embargo, en la historia del ambiguo Renato, no todo era agua de rosas: Alexandre Dumas padre, en *La Reina Margot*, lo describe como quien ocupaba "el doble cargo de perfumero y envenenador de la reina madre". Se cree que pudo haber envenenado a Juana de Albret a través de un par de guantes y que estuvo involucrado en los asesinatos de protestantes durante la matanza de San Bartolomé. Según Pierre de l'Estoile, sus hijos fueron ejecutados por otros crímenes.

Mientras Catalina esparcía la pasión por las fragancias entre los franceses, en Italia proliferaban los *libros de secretos*, ya mencionados cuando se habló del azúcar y de los guantes. Estos libros contenían recetas de cosmética, así como trucos prácticos para la vida hogareña, desde cómo eliminar manchas hasta cómo combatir piojos y pulgas, incluyendo también recetas con azúcar.

En *Notandissimi secreti de l'arte profumatoria*, de Giovanventura Rosetti, publicado en 1555 (no confundir con nuestro scalco Giovan Battista Rossetti), se recopila una pluralidad de recetas de aguas odoríferas: aguas de rosas, de jazmín, de lavanda, de benjuí, de estoraque, de ángeles, magistral y de Napoli. También se menciona la *acqua nanfa*, una estrella en las mesas de banquete, muy apreciada, que no era otra cosa que agua de azahar[7]. Nótese que ya se habla de *arte profumatoria.* A partir de Notandissimi, los recetarios posteriores darán un amplio espacio a estas aguas.

En España, y seguramente antes de este recetario, el manuscrito español Vergel de Señores también había dedicado una sección a estas fórmulas: "IV. Comiença el libro quarto en el qual se muestra a confaçionar todos los olores

[7] Rosetti, Giovanventura – Notandissimi secreti de l'arte profumatoria: a fare ogli, acque, paste, balle, moscardini, uccelletti, paternostri, e tutta l'arte intiera, come si ricerca cosi ne la citta di Napoli del Reame, come in Roma, e quiui in la citta di Vinegia nuouamente impressi, 1555 – Venecia. https://play.google.com/books/reader?id=czVjByqa92sC

para agoas y polvillos almiscados, adobos de guantes, perfumes e para pastas y otras gentilezas de olores"[8].

Emergieron muchos otros recetarios, como el del cartógrafo Girolamo Ruscelli, *De' secreti del reuerendo donno Alessio Piemontese*, un texto que fue traducido a muchos idiomas y que en español se conoció como *Libro de los secretos del reverendo Don Alexo Piamontes*. Alessio Piemontese era, en realidad, el mismo Ruscelli, quien en sus últimos años se había convertido en monje, abrumado por la culpa de no haber revelado a tiempo uno de sus secretos, una revelación que podría haber salvado una vida humana y que omitió por fatuo egoísmo[9].

Precisamente en el mismo momento en que se edita *Notandissimi*, Nostradamus publica en Francia su propio libro de secretos, *Excellent & moult utile*, al que ya hemos aludido. El desarrollo perfumista de Nostradamus se concentra en los aceites, polvos, pomadas y pomanders. Con la excepción de un *eaue de senteur* para la higiene dental, las aguas están prácticamente ausentes[10].

[8] Cabré i Paret, Montserrat – Los consejos para hermosear en el Regalo de la Vida Humana de Juan Vallés. Universidad de Cantabria. Dep. de Fisiología y Farmacología Área de Historia de la Ciencia. Pág. 187. https://www.academia.edu/12504095/Los_consejos_para_hermosear_en_el_Regalo_de_la_Vida_Humana_de_Juan_Vall%C3%A9s Acerca de la historia de las *aguas de olor* españolas, véase también:

Criado Vega, Teresa – Las artes de la paz. Técnicas de perfumería y cosmética en recetarios castellanos de los siglos XV y XVI. Anuario de estudios medievales 41/2, jul-dic 2011.

https://estudiosmedievales.revistas.csic.es/index.php/estudiosmedievales/article/view/374/380

[9] Ruselli, Girolamo, De' secreti del reuerendo donno Alessio Piemontese. Venezia, 1557.

https://play.google.com/books/reader?id=O-VbAAAAcAAJ Traducción española del Libro de los secretos del reverendo Don Alexo Piamontes, Op. cit.

Otros libros de secretos italianos del s. XVI:

Opera Nova, anónimo, Venezia, 1529

https://play.google.com/books/reader?id=0tFUAAAAcAAJ

Celebrino, Eustachio – Opera Nova, Venezia, 1550 https: //play. google.com/books/reader?id=aqJkAAAAcAAJ

Ricettario Fiorentino, 1567

https://play.google.com/books/reader?id=YX5DAAAAcAAJ

Rosselli, Timoteo, Della summa de'secreti vniuersali, Venezia, 1575.

https://play.google.com/books/reader?id=dM-j0qQbKMIC

I secreti della signora Isabella Cortese, Venezia, 1584.

https://gallica.bnf.fr/ark:/12148/bpt6k606643

[10] Nostradamus, Op. cit.

Agua de colonia

París empezaba a dar sus primeros pasos firmes hacia el liderazgo en el campo de la perfumería. En 1699 se publica *Le parfumeur royal*[11], pero todavía el referente era Italia, que seguía siendo la potencia indiscutida en la materia. El prestigioso médico Leonardo Fioravanti sostenía que el mejor boticario del mundo era Domenico Ventura de Venecia[12]. Su espléndida botica estaba ubicada en la Marzaria del Giglio, a pocos minutos a pie de San Marco. Fioravanti nos dice que Ventura era "eminente en su profesión, uno de los más excepcionales que pudieran encontrarse en Europa, reconocido por la mayor parte de los príncipes cristianos, y que concentra en su laboratorio las más extrañas rarezas que uno pueda imaginarse". Cuando evocamos la frase "de todo, como en botica", sin saber a qué alude, debemos pensar que en ellas había un sinfín de cosas bellas: preparaciones médicas magistrales, cosméticos, perfumes, especias, confites y todos sus derivados, sueltos o en bellísimos estuches, preparados por el propio boticario o traídos de otras ciudades, jarabes, pigmentos para pintores, y también todo lo relacionado con la papelería, con sus hilos para encuadernar y tintas, en estanterías de ebanistería gigantes, repletas de frascos que, según la ley, debían estar bien diferenciados entre sí.

Fioravanti elogia el arte del boticario porque, con su oficio, alegra casi todos los sentidos corporales: además de ser gratificante para el olfato, su botica reconforta la vista con todos esos bellos y delicados objetos que los perfumeros poseen y exhiben. Los efectos de sus preparados benefician al cuerpo; la perfumería es agradable al tacto, tanto en sus productos como en sus contenedores y envoltorios. Lo transcribo en tiempo presente porque hoy estas tiendas siguen comunicando los mismos efectos, o, mejor dicho, se intenta replicar en clave moderna aquel encanto imperecedero. Aunque ya no existe la concentración de todos esos objetos en un solo lugar, observamos cómo las papelerías, confiterías y perfumerías comparten una estética afín. Estas tiendas, desprendimientos de lo que una vez fue una sola entidad, mantienen en muchos casos vitrinas que intentan apelar a esas arcaicas formas de exhibición.

El esplendor de esas boticas de las grandes ciudades centelleaba hacia el interior del territorio italiano, replicándose a menor escala incluso en el pueblo

[11] Barbe, Simon, Op. cit.
[12] Fioravanti, Op. cit.

más remoto, como ondas que, aunque al propagarse disipan intensidad expansiva, no pierden su espíritu. No debería sorprendernos descubrir que, aunque el nombre del agua de colonia proviene de la ciudad de Colonia, Alemania, esta consagrada fragancia fue, en realidad, una invención de un italiano.

Giovanni Paolo Feminis, un joven de la localidad de la alpina Val Vigezzo (feudo de los Borromeo, lejos de Venecia, pero no aislado de sus influencias), había creado un agua para consumo oral con cualidades terapéuticas. Sin embargo, en su tierra natal no había suficiente mercado. Con la esperanza de prosperar, dejó su Santa María Maggiore para emigrar a Alemania. Tampoco allí le resultó sencillo despegar, hasta que un pariente, Giovanni María Farina, asumió el manejo comercial del producto y lo presentó como agua de perfumería bajo el nombre de Aqua admirabilis[13]. Su certero mensaje de marketing en 1708 rezaba: "Mi perfume es como una mañana italiana de primavera después de la lluvia; recuerda las naranjas, los limones, los pomelos, las bergamotas, los cidros, las flores y las hierbas aromáticas de mi tierra. Me refresca y estimula sentidos y fantasía"[14]. Farina dio en el blanco; su producto pronto se convirtió en la célebre Agua de Colonia y no tardó en subyugar las narices de Goethe, Voltaire y Napoleón. Los derechos comerciales fueron posteriormente adquiridos por Roger & Gallet.

Acqua di Parma

Un par de siglos más tarde nació *Acqua di Parma*, un nuevo emergente de estos ríos subterráneos de conocimiento, destinado a convertirse en otro éxito, otra marca registrada asociada a un nombre de ciudad. Esta experiencia nos muestra que un nombre como el de Parma puede ser tan vasto que, aunque

[13] El grandilocuente nombre "admirabilis", no era cosa nueva en la perfumería. En el recetario citado aquí arriba de Timoteo Rosello aparecen calificativos para las aguas tales como *mirabile, maravigliosa, miracolosa, acqua unica, acqua degna, acqua di grandissima virtù. Oglio pretiosissimo, oglio maravigliossissimo, oglio Benedetto…*

https://play.google.com/books/reader?id=dM-j0qQbKMIC

[14] Véase:

Casa del Profumo Feminis Farina

http://santamariamaggiore.info/home/cultura/casa-del-profumo/

L'acqua di colonia, Valle Vigezzo http://www.vallevigezzo.eu/lacqua-di-colonia/

La bottega profumata, La storia profuma di "acqua di colonia".

https://www.labottegaprofumata.it/blog/91-la-storia-profuma-di-acqua-di-colonia

esté estrechamente ligado a las excelencias culinarias como el *prosciutto* o el queso que lleva su gentilicio, no encontró en esas etiquetas históricas impedimento alguno para destacarse en un ámbito tan aparentemente disociado de la culinaria como es la perfumería cosmética.

Por otro lado, el quasi acrónimo "acqua-di" se manifiesta como una introducción al producto que, al igual que el francés "eau-de", está rodeada del halo mágico que suelen irradiar ciertas palabras. En este caso, como un ábrete sésamo, promete con su solo nombre conducirnos a una experiencia olfativa grata. Los ecos de estos apelativos siguieron y siguen resonando en muchísimas otras acqua-di ligadas a otras ciudades o puntos geográficos, como islas o lagos, de donde siguen surgiendo nuevas fragancias.

Los años 70 y 80 marcaron un punto de inflexión crucial en la perfumería italiana, saldando una deuda de justicia con su propia historia. Fue en esa época cuando los grandes estilistas de moda se atrevieron a vincular sus prendas con fragancias, siguiendo con sobrados recursos aquella senda que Francia había marcado con pleno savoir-faire.

23. DIVERTIMENTO

Además de la interminable lista de platos, de la ambientación y el ornamento, en ocasión de cada gran banquete intervenían, entonces como hoy, otros componentes. Uno de ellos era la ubicación. Si lo observamos, la sede del evento cubre importancia desde el momento mismo en el que se cursa la invitación, porque muestra al convidado un panorama preliminar que le permite percibir cuál será el tenor de la celebración. Es un primer impacto que incide desde antes de asistir al festejo, indicando por antelación calidad, jerarquía y también expectativa. Cuando los nobles proyectaban sus palacios renacentistas el foco estaba muy centrado en estos espacios festivos, que debían ser diversos, múltiples y concebidos de modo que les permitiera acomodar recepciones de toda dimensión, permitiendo la variación de ambientes según época del año, modas, ocurrencias, etc.

Se piense en el *Palacio Te* de los Gonzaga de Mantua, extraordinario complejo ideado en el siglo XVI por Giulio Romano, erigido en lo que entonces era una isla rodeada por cuatro lagos formados por el Río Mincio. Su estructura principal abrazaba un cuadrilátero central en una laberíntica sucesión de salas, patios y jardines, soñados para que ellos albergasen suntuosas fiestas. En la sala llamada *Cámara de Amor y Psique* una inscripción reza algo así como: "Este palacio ha sido construido para reparar las fatigas y para el honesto ocio del príncipe". En Ferrara, ni siquiera fue necesaria una sentencia aclaratoria cuando los Este concibieron el *Palacio Schifanoia*, porque su mismo nombre explicitaba su función: *schifa-noia* significa precisamente *esquiva-tedio*; no era necesario agregar más a esa síntesis perfecta. Esa misma corte llegó a contar con una multitud de sedes para el solaz: eran las llamadas –también estas de forma elocuente– *Delizie*, es decir "delicias", palacios maravillosos, muchos de los cuales ya no están, pero otros sobreviven y están insertos y protegidos dentro del Patrimonio Unesco.

Resueltas las cuestiones sede, ambientación y menú, quedaba otro pilar del banquete por resolver: el de la animación, aspecto tan significativo que esos hombres y mujeres del Renacimiento –sobre todo italiano– por nada hubieran soslayado.

Homo ludens

El ser del Renacimiento era eminentemente lúdico; era como si se hubiese vuelto a despertar en ellos el ADN de los Antiguos Romanos, quienes hacían un culto de los juegos, exhibiciones espectaculares, como sabemos. La recreación solía estar presente –desde la previa de un banquete– con partidas de caza o competencias, que por lo general eran juegos de guerra –la mayoría ecuestres– adaptados a los tiempos de paz: torneos, justas (en italiano llamados: *giostra, carrousel),* carreras de sortijas, cañas, quintanas, estafermos, juegos todos estos viriles, con su implícito ceremonial y colateralmente, una vía de seducción infalible. Eran las antesalas del deporte, con alta competitividad y mucha garra. Los peligrosos juegos de lanzas y espadas originales fueron trastocándose en otros menos ofensivos, truncando los filos de las armas blancas; así y todo, las contiendas podían terminar mal, como fue el caso del marido de Catalina de Medici, Enrique II de Francia, involuntaria y fatalmente herido en el ojo en una de estas galas.

Fiestas populares

Los juegos y manifestaciones podían trascender el círculo de la corte y hacerse extensivas a toda la población en muchas ocasiones oficiales, ya fuera de manera participativa, o en forma de exhibición que el pueblo pudiera admirar. Se celebraban con motivo de coronaciones, casamientos notables, eventos militares, nacimientos, visitas oficiales de personalidades, y por supuesto recurrencias religiosas. En estos casos se engalanaba la ciudad con flores, columnas, exhibición de tapices colgantes de los balcones, desfiles de antorchas, fuegos artificiales y música.

> Se verificó la entrada solemne el 24 de Febrero, día señalado y de feliz augurio, porque en otros tales nació el emperador Carlos V, fue corona-

> do, y rindió al rey de Francia en la batalla de Pavía; dióse entonces aviso al duque Carlos Manuel para que viniera á la ciudad el 10 de Marzo, y hecho el recibimiento con pompa magnífica, no quedó en leguas á la redonda, no ya mancebos y doncellas, pero ni ancianos ni dolientes que olvidando por pronto achaques, no acudieran presarosos á presenciarlo, llenando caminos y calles, coronando tapias y poniendo á riesgo de hundirse los tejados, y esto luego en otros días y noches de torneos, luminarias, encamisadas y cuadrillas, saraos, procesiones, banquetes públicos, que era cosa de nunca acabar[1].

Sobre todo es en las fiestas religiosas en las que gran parte de todo aquello aún perdura reflejado en procesiones y demás eventos tales como ferias, kermeses, desfiles militares, conciertos ambulantes de bandas musicales y todo el universo culinario que es típico y único en esos momentos específicos, es decir una serie de comidillas que se preparan solamente para una fecha anual, fecha que todos esperan para poder probarlos, y que luego salen de escena, hasta el año siguiente. Estos eventos, al tiempo que desarrollaban sentimientos de pertenencia y cohesión, eran funcionales al poder.

Los entretenimientos eran parecidos en todas las cortes, pero en cada sitio se cultivaban características locales. Por ejemplo, las corridas de toros son una muestra de una manifestación que ya por entonces tenía un arraigo geográficamente delimitado. El furor por los diversos tipos de contiendas del pasado sigue vivo y resistente en tantísimas fiestas antiguas que se sieguen celebrando en toda Europa. El Palio de Siena es un claro ejemplo, pero hay cantidad de otros palios y fiestas aún vigentes en Italia.

Danza

En la animación del banquete propiamente dicho, mientras los invitados comían o en los entretiempos de un servicio y otro, se recitaba, se actuaban obras teatrales, se exhibían músicos, danzantes, cantantes y bufones. Pero una vez terminados los servicios, la norma era literalmente "levantar las mesas" –

[1] Fernández Duro, Cesáreo, Viajes del Duque de Saboya, e la Infanta Doña Catalina de Austria, su mujer. Madrid, 1585.
https://play.google.com/books/reader?id=lppAAAAYAAJ

expresión que como vimos se sigue usando hoy, aunque las mesas queden ahora en su lugar– para dar lugar al baile, momento aguardadísimo del convite, en el que los ánimos estaban relajados, incluso por efecto etílico de los vinos.

Las danzas eran cuestión substancial. Había danzas circulares, compaginadas, "bajas y altas", las había variables según las modas, con juegos y chanzas incluidos en ellas, como un caso en el que Rossetti cuenta que en una ocasión los caballeros sacaron a bailar a las damas cargándolas a caballito. Como curiosidad, nuestra expresión "sostenerle la vela a alguien", nació en ese tiempo y de esos juegos danzantes, más específicamente de "la danza del hacha" (*danse aux flambeaux*, *ballo della torcia*). Torquato Tasso explicó en qué consistía: una dama entregaba una antorcha a un caballero por ella escogido, mientras ella misma designaba a otro gentilhombre con quien bailar. El destinatario de la antorcha, a su vez, seleccionaba a dos damas: una para entregarle la antorcha, y otra con quien bailar. La persona que recibía la antorcha se consideraba la menos afortunada, ya que no había sido elegida como compañera de baile y, además, debía iluminar a los dos bailarines. Las máscaras también podían ser objeto intrigante de estos encuentros, con connotaciones psicológicas y sociológicas apasionantes y con Venecia insuperada en el arte de confeccionarlas y de emplearlas, como es dable imaginar.

Leonardo da Vinci, aunque más conocido por sus obras maestras y su genio científico, también incursionó en el arte de la animación de eventos. No todos saben que fue contratado por Ludovico el Moro para diseñar escenografías, maquinarias y coreografías que deslumbraran a los asistentes de sus fastuosas fiestas. Las cortes renacentistas, como la de Ludovico, eran verdaderas fábricas de creatividad, donde artesanos y talleres producían todo lo necesario para esas puestas en escena: desde tiendas de campaña y objetos para la vida nómada, hasta esculturas, pinturas y textiles diseñados para ser exhibidos una sola vez, todo en servicio de lo que la historiadora María Grazia Morganti describe como la "estética de la simulación".

Aunque solo hubo un Leonardo, cada corte italiana debía contar con su propio director artístico.

En la corte de Ferrara, Cristoforo de Messisbugo, desempeñó este rol de manera excepcional, dejando un testimonio valiosísimo de su labor en este ámbito.

A diferencia de Leonardo, quien se enfocaba únicamente en las puestas en escena, Messisbugo era principalmente un Scalco, y junto con esa tarea, debía encargarse de concebir y combinar todas las aristas del banquete en su totalidad. Su responsabilidad abarcaba desde la planificación de cada plato hasta la integración armónica de la música, la danza, el teatro, la coreografía y la escenografía. También se ocupaba de los efectos de iluminación, los perfumes, los sonidos, los colores y el vestuario, todo combinado para crear una experiencia multisensorial. A este conjunto, por supuesto, se sumaban la pomposidad, la exhibición de poder, los efectos sorpresa, la originalidad y la novedad. Y, como elemento esencial, no podía faltar la omnipresente justa dosis de sprezzatura.

En la corte de los Este se rendía particular culto a la música y a todas las artes dramáticas. Messisbugo, para cada puesta, disponía de artistas del más alto nivel; pensemos que para una de sus cenas fue representada por primera vez una obra de teatro del mismísimo Ludovico Ariosto.

Cena a Belfiore di Messi Sbugo

Messisbugo inicia su serie de narraciones de banquetes ejemplares con el relato detallado de una cena exclusiva a base de pescados y demás frutos del mar (la abstención de carne era imperativa, dado que se celebraba en sábado), encomendada por el cardenal Hipólito II de Este, quien en ese entonces era arzobispo de Milán, para su hermano Hércules II de Este y su esposa, Renata de Francia. (Hércules y Renata eran los padres de Alfonso II, cuyo banquete de segundas nupcias mencionamos en otro capítulo). Era la primavera de 1529, una fecha ideal para aprovechar las salas y jardines de la *Delizia di Belfiore* de Ferrara –que ya no existe–, donde se dispuso una mesa principal con tres manteles y se acomodaron cincuenta y cuatro comensales. En este extenso ágape se sucedieron diecisiete platos, cada uno acompañado por una animación particular. A continuación, se transcribe cada plato junto con el contenido de sus respectivas animaciones y una breve descripción de lo que se sirvió, acotado al pie y entre paréntesis[2].

[2] MESSISBUGO. P. VIIIt/18v.

Servicio	Divertimento	Menú
	Antes de la cena se realizó una *corsa all'Anello*[3] "para los más honorables", que duró hasta las 21:00. A continuación se recitó una farsa en el Salón del Jardín y se hizo sonar una música de diversas voces, y varios instrumentos.	
	Eran las 22 cuando terminó la farsa y pasaron a la Mesa, conducidos por cuatro músicos uniformados, quienes iban por delante señalando el camino mientras tocaban cítara, laúd, arpa (sería un arpa móvil) y flauta, tocando todos juntos una *gallarda*. Cuatro parejas de jóvenes bailarines los acompañaban y permanecieron en danza mientras que se daba a los invitados el agua para el aseo de las manos.	Ensaladas de vegetales y de pescado, pasteles.
1°	Durante el primer paso de comida sonaban tres trombones y tres cornetas.	Huevos duros, leche de esturión, sopa de almidón, pescados fritos y hervidos, tartas (llamadas *pizze*).
2°	Dulzaina, trombón, flauta a la alemana.	Potajes, frituras, escabeches, pasteles.
3°	Arpa, flauta, clavicémbalo.	Pasteles de manjar blanco, más sopas, más potajes, frituras, asados, 400 langostinos grandes.

[3] La Corsa all'Anello no es más que la "corrida de sortija", aún presente en la tradición gauchesca argentina, así como también en Narni, Italia, cada una con sus propias connotaciones locales. https://www.youtube.com/watch?v=H9Qy8-nFLPA

4º	Dulzaina, violón, cornamusas, cítara.	Pescados cocidos en vino, arroz a la siciliana –antepasados de los arancini–, manjar de avellanas, pescados a la olla, *frittelle* de masa tipo panqueque frita.
5º	Entretenimiento de bufones a la bergamasca y a la veneciana.	Tortitas, pescados cocidos en distintas bases unos con ciruelas y anís, frituras, lentejas, pasteles.
6º	Interpretación de canto de los amigos del duque.	Frituras, pescados al vinagre grillados, pasteles de huevo y pasas, niños envueltos –de pescado–, tortillas, hongos fritos, cardos.
7º	De entre medio del follaje aparecieron al compás del tamboril de la duquesa cuatro parejas de bailarines, "con tanta belleza que maravilló a todos", danzando la baja española, la *reorgarfa* [¿?] y el brando *branle*, siempre moviéndose en derredor de la mesa.	Adobos, escabeches, sopas, frituras, tortillas con caviar fresco, masas rellenas de mazapán y fritas.
8º	Flautas, cornamusas, violón.	Pasteles de crema, manteca con azúcar, alcauciles, olivas, manzanas en vino, pastelitos, pasta real de almendras moldeada con forma de vieiras y rellenas con una especie de masa bomba.

9°	Sonaron los pífanos, con lo cual supusieron que la comilona había llegado a su fin, pero en realidad solo fue una simulación, una excusa para hacer un corte que permitiera quitar el primer mantel, reponer cubiertos y panes, y al instante se volvió a decorar la mesa con figuras de ocho moros y siete moras desnudos con guirnaldas de laureles sobre las cabezas y verduras cubriéndoles las partes pudendas (el toque de pífanos era utilizado tanto para la llamada al comienzo del banquete, como para indicar su fin).	Fueron servidas mil ostras acompañamiento de naranjas con pimienta, combinación frecuente.
10°		Fueron entregadas las *Savoneas* (grajeas digestivas), ensaladas de hierbas y de flores, caviar fresco, ensalada de cardos, botarga, *mantighiglia* (especie de mantequilla madurada en piel de cabrito), ensaladas de colas de langostino y cidro, pescados en sal.
11°	Un tal "M. Aphranio" interpretó música con su fagot. Debía sin dudas tratarse de una gran personalidad.	Colas de trucha fritas, *ginestrada* –manjar blanco con azafrán–, esturión, sepias, huevos a la francesa.
12°	Del follaje salió una muchacha suntuosamente vestida que tocó con su laúd cuatro madrigales.	Mantecados, langostinos rellenos, sardinas fritas, pescados en potaje, sopa de cerezas, sopa de berberechos, y otras.
13°	Fue el turno de cinco cantores de pavanas en *villanesco.*	Más frituras y pasteles.

14º	Cinco violones.	*Ritortoli*, probablemente de mazapán, *tortelli fritti*, más frituras de mar, sopa agriada, duraznos a la grilla, y comparecen acá *Maccheroni alla Napolitana*, pasta seca de Nápoles, servida con queso, azúcar y canela[4].
15º	Volvieron a sonar los pífanos. Iba promediando la velada, pero en un declive lento. Una morisca a la luz de las antorchas hizo su actuación junto con fingidos campesinos en actitud de labrar la tierra.	Pastelitos, crustáceos, arroz con *croûte* de azúcar y canela, polenta dulce de espelta.
16º	Un tañedor de lira al modo de Orfeo.	Momento de las ostras, lo que significa que promediaba la cena. Tartas, pasteles, gelatinas y 500 ostras fritas servidas con rodajas de limón por encima.
17º	Se exhibieron cuatro jóvenes haciendo cantos a la francesa "di gorga", de garganta, que podemos suponer que fuesen a capela.	Servicio de frutas. Habas frescas, quesos frescos y duros, cerezas, alcauciles, castañas en agua de rosas, postres de leche, obleas, barquillos.

[4] La inclusión de las pastas en los banquetes italianos es menos frecuente de lo que podríamos suponer, sin embargo el consumo de este plato ya estaba constituido como género alimentario italiano, tal como deja traslucir Bartolomeo Scappi en su Opera (Op. cit.).

18°	Llegan las *confettioni*, momento cumbre en el que se presenta en escena nada menos que el notorio Alfonso dalla Viola (ca.1508-ca.1573)[5], dirigiendo seis voces, seis violas, una lira, un laúd, una cítara, un trombón, una flauta grave, una flauta media, una flauta a la alemana, una sordina, y dos instrumentos de pluma, uno grande y uno chico, "tan bien concertada que a todos parecía haber pasado a una dimensión superior" no obstante el malestar estomacal que debía gravar como un peso de plomo que les impediría levantarse, osaría agregar.	Cítricos, zapallos, raíces de lechuga, sandías, almendras y otros frutos, todos glaseados, dulce de membrillo, turrones, grajeas de canela, pistachos, semillas de melón y anís.

Finalizado el evento, se repartieron obsequios para los invitados.

Sonaron nuevamente los pífanos, eran las cinco de la mañana salieron, conducidos por unos danzarines quienes al inclaudicable ritmo de una morisca acompañaban a los comensales alumbrándolos con sus antorchas. Y finalizada la morisca, una vez terminada, cada uno regresó a su casa.

Tumulto

Domenico Romoli nos dejó en 1560 un par de relatos deliciosos en los que aconseja cómo evitar que se cuelen intrusos a las celebraciones y, sobre todo, que provoquen desmanes. Me vino a la mente aquel film que nunca soporté ver completamente, pero cuyas escenas se repitieron hasta el cansancio en la TV por cable: *Wedding Crashers*, protagonizada la dupla O. Wilson y V. Vaughin, que en Hispanoamérica tomó el "sugestivo" nombre de *Los Rompebodas*:

[5] Alfonso dalla Viola, biografía en: https://en.wikipedia.org/wiki/Alfonso_dalla_Viola.

Se muestra al scalco cómo y de qué manera sería posible evitar tumultos en los grandes banquetes.

Porque es costumbre común de los pueblos que donde se hace algún espectáculo alegre de juegos o bodas u otras celebraciones agradables semejantes, donde concurre gente y es difícil intentar expresamente prohibirles la entrada, y particularmente donde haya un número de mujeres hermosas, no encuentro otro remedio que ordenar que en la casa o palacio donde se hará la boda haya solamente una entrada y que esta sea cuidada por un guarda que fácilmente pueda resistir, caso contrario los remedios son escasos. Pero como muchas veces este desorden se origina por culpa de los criados o señores de la casa que pretenden introducir amigos a escondidas, debe ordenarse que ninguno de ellos reciba o invite a alguien, aunque fuera su hermano, porque vienen a llenar sus habitaciones de forasteros, cortesanos y multitud de enmascarados, haciendo infinitos banquetes por las habitaciones, como es costumbre en esta corte nuestra, y de ahí nace la ruina del banquete, porque habiendo vosotros servido las primeras comidas, desaparecen, y todo es saqueado, queriendo con estas entretenerse y honrar a sus amigos, y luego cuando ya han llenado bien sus vientres, se presentan en el salón del banquete sin ningún respeto, haciendo una de Ninfa, y aquel otro de Ganimedes, uno enmascarado, el otro camuflado, este hace el amor, y aquel otro muestra el miembro, aquel se pone en pose para mostrar su persona dispuesta a las mujeres, creyendo que así se enamorarán de él. Otros corajudos y presuntuosos se arrojan sobre la mesa, con lo cual no solo el scalco no puede servir, sino tampoco los coperos ni los trinchantes.

Os digo esto como una de las útiles advertencias que pueda darles, y si por desventura lo olvidares, veréis que esto os ocurrirá. Y si por casualidad esto os sucediera, y no pudieran hallar otro remedio, recurrid con gentileza a quienes os inquietan, y a quienes reconozcáis como caballeros más influyentes, haciéndolos a un lado, e invitándolos mientras se sirve el banquete a pasar a aquellas habitaciones donde los invitados estuvieron antes de la cena, o en otro lugar, y allí conducidlos, distraedlos, o por decirlo mejor, haced que estén entretenidos, cuando tuvie-

> rais tiempo de hacerlo, dándoles de beber y alguna que otra exquisitez, de manera que vuestro banquete esté provisto, prometiéndoles toda cortesía, y luego rogándoles que se retrasen un poco, hasta que se suene para el baile, y con esta cortesía, si estos no son más que conocidos, no solo concordarán con obedecer a sus amigos, sino que de buen grado retendrán a los demás plebeyos. Y no os burléis de esta diligencia, que yo la he puesto en práctica muchas veces. Pero bien os digo, que cuando termine el banquete, y levantado el servicio de las mesas, y guardada la platería, con gran estruendo, haced levantar todas las mesas, y abrid las puertas, y si a la multitud ansiosa por entrar no bastan las puertas, que entre por las ventanas, y ya no os preocupéis, aunque estuviese allí vuestra propia dama, y ella siendo seducida, os baste sólo con haber llevado a feliz término vuestro banquete[6].

Panunto atribuye el origen de los desmanes en los banquetes, en gran medida, a la costumbre vigente en Roma, donde él ejercía su oficio, de hacer sentar a las mujeres por un lado y a los hombres por el otro. Peor aún era cuando los ubicaban en salas separadas según su género, lo que resultaba desastroso, ya que los hombres rara vez se quedaban quietos y solían irrumpir en las salas de las damas en busca de conquista. Él consideraba más sano mezclar damas y caballeros, tal como solían hacer los florentinos, lo que al menos resolvía esa parte del problema.

> **Se muestra al Scalco cómo se deben servir un par de bodas nobles para cincuenta invitados en la mesa.**
>
> Servir los banquetes de la forma en la que se acostumbra en Roma, es difícil; no me gusta el deseo de separar la mesa de los hombres de la de las mujeres, y como la sala no basta para albergar a todos, se suele preparar una para ellos, separadamente de las mujeres. No es posible que la boda de esta manera esté bien servida, ni que los invitados queden satisfechos, porque el principal gozo que hay en la boda es la conversación honesta, y la dulce vista que los hombres tienen de las mujeres, y lo que ellas sienten al ser entretenidas por los hombres, lo cual no

[6] ROMOLI. P. 21t/36v.

puede hacerse si están separadas las mesas. Los servidores de las mujeres son los vencedores. Los hombres, en su afán por competir, muchas veces dejan su mesa para ir al servicio de las mujeres; es entonces cuando el Scalco sufre un gran dolor, y se agarra la cabeza, por eso me gustaría que se observe la costumbre de las bodas nobles de nuestros ciudadanos florentinos y siguiendo este orden, primero debe encontrarse un salón tan grande de manera que fácilmente aúne todas las mesas que se van a necesitar cómodamente, y después querría que el aparato de las mismas esté en manos de algunos de nuestros divinos genios florentinos de esos a los que he visto hacer milagros (...). Acordaos de hacer preparar otras salas, donde las más nobles mujeres, y caballeros invitados puedan solazarse con muchos instrumentos de varios estilos, y otros agradables entretenimientos antes del banquete[7].

[7] ROMOLI. P. 17/28v.

GLOSARIO

Acqua nanfa. Antiguo nombre que se daba en Italia al agua de azahar.

Adobe. Técnica medieval de maceración en sal y vinagre para conservación de los alimentos, cuyo nombre derivaba del francés antiguo *adober*, armar a un caballero. De esa proveniencia, hoy en Italia *addobbare* significa "adornar". En Argentina un *adobo* es hoy una mezcla de hierbas y especias que se usa tanto para revestir una carne (y macerarla) como para agregar cual condimento a la salsa de una pizza.

Aguas de olor. Nombre español de las "acque odorifere"; era así como llamaban a las aguas perfumadas utilizadas sobre todo para el ceremonial del lavaje de manos previo y posterior al ágape.

Almizcle. Sustancia olorosa proveniente de glándulas animales de preciado uso en perfumería, más conocida en su versión inglesa: *musk*.

Ámbar. Sustancia olorosa procedente de secreciones del cachalote. Como el almizcle, muy valorada en perfumería.

Antipasto. En la secuencia de una comida italiana es la entrada, consistente en platos fríos como fiambres y ensaladas.

Aparador. En el Renacimiento, nombre dado en España a las estanterías en las que se exhibía la vajilla de lujo durante los banquetes. Su par italiano era la *credenza*.

Apparecchiare. Término que en italiano significa "poner la mesa".

Bezoar. Piedra que se forma en el estómago de algunos animales, muy buscada en el Renacimiento por sus cualidades olorosas.

Bomboniera. Detalle, presente o souvenir que se entrega en Italia como final de fiesta, sobre todo bodas, o en ocasiones de nacimiento-bautismo.

Botellero. Quien en la corte o señoríos tenía en custodia las botellas del señor. En Francia era el *bouteiller*.

Camarero. Quien tenía a cargo la seguridad y mantenimiento de las cámaras del rey o del noble.

Cinquecento. Término italiano para denominar el siglo XVI.

Codice Atlantico. (*Codex Atlanticus*). Colección de doce volúmenes de dibujos y escritos de Leonardo da Vinci que se encuentra en la Biblioteca Ambrosiana, Milán.

Comensales. Quienes comparten una misma "mensa", vale decir la mesa.

Companatico. Que va "con pan". Dícese en italiano de los ingredientes que van bien junto con el pan. Pueden ser frutas, verduras, fiambres, quesos... Y como el plato era de pan y se compartía entre dos, de ese término surgió la palabra "compañero", quien comparte con otro el pan. En España palabra asociada es "compango".

Confettioni. Nombre que en Italia se daba tanto a los confites como a todo lo atinente a la confitería; de hecho estas dos palabras nacen de allí mismo. Viene de *confezionare*, confeccionar, hacer. Mismo origen etimológico vendrían a tener las "facturas" argentinas, del verbo "hacer".

Copero. Quien tenía a cargo el servicio de vinos y demás bebidas. En francés: *échanson*.

Corame. Finísima tela de cuero labrada que en los banquetes servía para aislar los manteles entre sí, como capa impermeable. Los más valiosos provenían de Córdoba.

Credenza. Mueble donde se mantenía en custodia bajo llave la vajilla preciosa. Luego pasó a llamarse así al exhibidor de la misma vajilla durante el banquete. Más tarde la palabra designó al área en la que se preparaba todo aquello que era accesorio de la cocina principal. Físicamente se encontraba adyacente a esta última. Es lo que en España se llamó *repostería* y en Francia *office*.

Credenziere. Primero fue el custodio de la vajilla, luego quien tuvo a cargo todo lo atinente a la *credenza*. En España se llamó *repostero*.

Cubierto. Antes de ser el nombre del moderno trío de instrumentos conformado por tenedor, cuchara y cuchillo (o el lugar en la mesa de un restaurante), era todo aquello que en la mesa se cubría para resguardarlo de peligros varios, que podían ser desde envenenamientos, o robos, hasta la incidencia de insectos.

Delizie. Eran las mansiones que los Este de Ferrara poseían en su territorio con la finalidad principal de deslumbrar con los banquetes que ofrecían en ellas. Muchas de ellas ya no existen; las que subsisten son hoy patrimonio UNESCO.

Dessert. Los postres en francés. Proviene de *desservir*, quitar el servicio.

Échanson. Véase *copero*.

Galateo. En italiano es sinónimo de etiqueta y buenos modales.

Gañivete. Especie de cuchillo pequeño (según la RAE).

Guadamecil. *Guadamací*. Véase *corame*.

Guardanappo. Tela que cubría el *nappo*, taza. Podía ser un mantel perimetral puesto sobre el principal para ser usado a modo de servilleta continua, que evitaba que los comensales ensuciasen el mantel más grande.

Imbandire. Verbo que en italiano se usa específicamente para "poner la mesa" cuando se trata de banquete.

Impilottare. Técnica culinaria barroca que consistía en cubrir una pieza de carne mediante incrustaciones de otro ingrediente, como jamón o panceta.

Lardare. Revestir una pieza de carne con láminas de *lardo* (grasa porcina curada), jamón o panceta.

Libros de secretos. Ediciones muy de moda en el *Cinquecento* en los que se revelaban consejos, secretos y datos prácticos que iban desde la cosmética a la salud y a la confitería. Lo que tenían en común es que eran dictados por boticarios (muchas veces alquimistas) quienes manejaban las sustancias atinentes a las tres áreas: belleza, farmacia y azúcares.

Limpieças. Antiguo nombre dado en España a las servilletas.

Mantile. En italiano el mantel se llama *tovaglia*, pero también se encuentra en las fuentes la palabra más similar al español, *mantile*, que quizás hiciera referencia a una *tovaglia* más pequeña, para ser colocada sobre esta.

Mappa. Servilleta que los antiguos romanos llevaban a los banquetes para envolver los restos de comida y llevarlos a casa.

Nef de table. Réplica de nave para ser colocada sobre la mesa dentro de la cual se resguardaban los objetos de mesa del rey. Más tarde fueron sustituidos por los *cadenas*.

Oficio de boca. Quienes tenían la función de ocuparse del servicio de mesa, básicamente *scalco*, trinchante y copero.

Portata. En italiano se llama así a cada servicio de mesa, lo que se "*porta*", es decir que *se lleva* a la mesa en cada paso de la secuencia.

Primo. En el menú italiano es el plato que se sirve a continuación del *antipasto*. Generalmente se trata una pasta, y si no, un plato caliente en base a otro cereal.

Ramilletes. Nombre que en España se daba a los *trionfi da tavola*.

Raspati. Agregado de agua hirviente a los barriles vino viejo que se hacía para consumo doméstico.

Repostero. Era quien tenía oficio de reposición en las distintas áreas de la casa. Con el tiempo, el uso del término se restringió a quien reponía para la cocina y quien desde la cocina contigua a la principal elaboraba todo lo necesario para complementar la de base, fundamentalmente los dulces, pasando así a ser el nombre dado al pastelero y *repostería* a su arte.

Salva. Ritual del servicio de alimentos y bebidas cuyo objetivo era verificar que estuviesen libres de ponzoñas.

Santiamén. Lo que uno tarda en persignarse; algo que se hace rápidamente. Las duraciones de las oraciones religiosas servían para calcular los tiempos de cocción, a falta de relojes.

Savori. Concentrados de aromas obtenidos a partir de jugos de frutas, de flores, de carnes, de verduras, y que luego eran utilizados como componentes de las salsas.

Scalco. En las cortes italianas era el mayordomo específico para los servicios de cocina y banquetes. Pl. *scalchi*.

Secondo. En la secuencia de la comida italiana, es el servicio que sigue al *primo*. Son las carnes o pescados y sus guarniciones.

Seicento. En italiano, nombre del siglo XVII.

Sobremesa. Era el nombre del tapete que se colocaba sobre la mesa para aislar los ruidos al posar la vajilla. Cuando se quitaban todos los manteles, el servicio dulce se solía colocar sobre el tapete y de allí el nombre de "hacer sobremesa".

Speziale. Boticario, quien tenía la venta y manejo de las especias y sustancias especiales que en muchos casos eran comunes tanto a la cocina como a la medicina y a la cosmética.

Sprezzatura. Comportamiento elegante que debe parecer natural, no forzado, pero que es 100% cultural. El término ya no se usa en la lengua italiana.

Sumiller. Era el custodio de las cámaras del rey de España, nombre proveniente de la etiqueta de corte borgoñona. Con el tiempo el cargo quedó restringido a la custodia y servicio de los vinos.

Surtout. Adorno central de la mesa francesa que sucedió a los ramilletes o triunfos de mesa. En Nápoles derivó en el nombre de un tipo de platos moldeados y horneados que todavía hoy existen: los *sartù*.

Taller. Nombre de la tabla de madera en la que se comía antes de que existiese disponibilidad abundante de platos más refinados.

Tapete. Alfombra que cubría la mesa para protegerla de golpes y aislar los sonidos indeseables durante en el servicio de comida.

Trionfi da tavola. Triunfos de mesa, alegorías de la mitología clásica que se reproducían en azúcar u otras sustancias comestibles y que servían para decorar y ambientar las mesas y recintos de banquetes.

Vergel. Era sinónimo de *surtido*.

Vivande. Comidas. Se usaba como sinónimo de *portata*, es decir como el conjunto de platos que se llevaban a la mesa durante un servicio.

ÍNDICE

www.ingramcontent.com/pod-product-compliance
Lightning Source LLC
LaVergne TN
LVHW010100170826
845678LV00012B/2191

* 9 7 8 9 8 7 8 5 3 8 3 4 1 *